文章作法事典

中村　明

講談社学術文庫

学術文庫版へのまえがき

この文章読本は段階別の文章作法書を意図している。初級にあたるⅠの〈書く〉では、文意が明確に伝わる文章を書くための基本的な配慮と方策をまとめた。中上級にあたるⅡの〈練る〉では、興味深く読ませるための表現技術を幅広く紹介した。最上級にあたるⅢの〈磨く〉では、読み手を引きつけ心地よく揺するための多方面の配慮を考えた。

通読して全体を把握するのがもちろん望ましいが、読者それぞれの目的に応じて、どの章から読み始めてもいいし、各自の気になる箇所をそのつど参照するのも有効だろう。

*

幼少のころ良寛の人柄に憧れた少年は、いつか漱石のつむじ曲がりの正義感に惹かれて文学の道へと迷い込む。数学好きの文芸愛好者は、早稲田大学で作品を数量的に分析する文章心理学の開祖波多野完治先生に出逢い、その壮快な手法のとりことなる。学部三年のレポートが講座「コトバの科学」に採録されるという椿事(ちんじ)もあって、文体論・表現研究の深みにはまる。生涯の恩師とのめぐりあいから半世紀有余、この道ひとすじに、人間同様めでたく晩年を迎える。本書原本の「あとがき」に倣い、世紀末からの主な歩みを振り返る。

文体論の分野で『日本語文体論』『日本の作家 名表現辞典』（岩波書店）、『文体論の展開』（明治書院）、表現論の分野で『比喩表現の世界』（筑摩書房）、『類語分類 感覚表現辞典』『感情表現新辞典』（東京堂出版）、本書のような文章作法の分野では、日本語鑑賞に焦点をずらして『美しい日本語』『日本語の勘』『日本語名言紀行』（青土社）などを著述した。

新分野への進出としては、『日本語 語感の辞典』（岩波書店）が突破口を開き、『新明解類語辞典』『類語ニュアンス辞典』（三省堂）が続いて、ことばの感覚的な側面を照らしだしたのが、本邦初の試みとして話題を集めた。もう一つは、日本語の笑いの体系化に挑むドン・キホーテ並の冒険だ。嘲笑や憫笑はまっぴらだが、昔から笑うのも笑わせるのも大好きだった。還暦を過ぎて赤ちゃん返り甚だしく、『日本語のおかしみ』（青土社）、『笑いのセンス』『吾輩はユーモアである』『日本語 笑いの技法辞典』『ユーモアの極意』（岩波書店）、安野光雅画伯に小津安二郎の肖像を描いてもらって表紙を飾った『小津映画 粋な日本語』（筑摩書房）を含め、笑いの洪水で、このところ、まさに笑いがとまらない。

こうして多彩に見える著書を眺めわたすと、一生かけて日本語の表現を考え、悩み遊んできたことに驚く。ますます謎が増え、楽しくなってゆく。こんな道楽が本となるのは出版社の度量と編集者の熱意による。僥倖（ぎょうこう）に恵まれ、心より深い感謝の気持ちを捧げる。

二〇二三年正月

愛犬の声に侘助の花開く
東京小金井の自宅にて　中村　明

目次

文章作法事典

文章作法事典

I　〈書く〉文章をはっきりと

読まれなければ始まらない

まず、次の二つの文章を読み比べてほしい。

師実は厨子王に還俗させて、自分で冠を加えた。同時に正氏が謫所へ、赦免状を持たせて、安否を問いに使いをやった。しかしこの使いが往ったとき、正氏はもう死んでいた。元服して正道と名告っている厨子王は、身の窶れるほど歎いた。

——森鷗外『山椒大夫』

「さあ、なくんだ。いいな。だいじなせとものをわってしまったおわびに、これから、しぬところだからな。」

小ぞうたちは、むりになきだしました。

そこへ、おしょうさまが、かえってきました。

きゃくまをとおると、このしまつ。ちらかっているうえにだいじなせとものがわれています。

――寺村輝夫『一休さん』

両方とも子供向けの一種の物語類で、文章の種類が明らかに違うわけではないが、読んだときの印象が相当違う。それはもちろん時代の問題もあるが、それ以上に、それぞれの作者が頭に描いた読者層に差があるからだろう。後者のほうがかなり年下の子供に読ませようとして執筆し、そういう小さな子供にも理解しやすいように、漢字を大幅に減らし、やさしいことばになるよう気を配って書いたために、結果としてこういう文章になったのだ。

自分のいつわらない気持ちをそのまま打ち明けただけに見える文章でも、いつか他人の目にとまることを覚悟して書かれたものであるかぎり、それを読む人間に対する心くばりがどこかで必ず働いているはずである。読む側になるべくわかりやすく書くという配慮は多方面で働く。右の例のように、漢字を減らして仮名書きを増やし、むずかしい語や言いまわしを避けて、できるだけ日常のことばで済ませようと心がける、そういう用字・用語の浅いレベルだけに見られるわけではない。

たとえば、こんな文章はどうだろう。

エゴの位置するシテュエイションを破壊する為には、自殺まで辞さなかった潔癖さと、通俗性の中に埋没するのを辞さない時代への忠実さとが表裏をなして、それぞれの方向に解体していったところに大正の近代文学の運命があった。

岩淵悦太郎の編著になる『悪文』という本で最初に紹介されている例文だ。何度読み返してもよく意味がつかめない。格別難解な語句があるわけでもないのに、なぜだろう。それはまず、全体が長大な一つの文でできているために、あれこれ頭を使わないと、その文全体の構造がとらえられないからだろう。また、「大正の近代文学の運命」という部分が一つの文のほとんど終わりそうなところになってようやく姿を現すので、そこまで読みながら、筆者が何について述べようとしているのか読者には皆目見当がつかないままに、文は長々と進んでいく。それもわかりにくさの大きな要因となっている。それに、「潔癖さ」「忠実さ」にかかる連体修飾句がそれぞれ長く、その点でもさっと読者の頭に入らない。さらに、「表裏をなして」のいわゆるテ形が中止法なのか、それとも「解体して」にかかっていくのか、という点も明確でない。そして、「エゴの位置するシテュエイションを破壊する」といった日常見慣れない言いまわしが続出する点もわかりにくさを増幅している。

わかりにくさを招くこういった要因のすべてが、内容のむずかしいことから必然的に生じたのなら、それはそれで仕方がない。しかし、この例の場合そんなことは信じられない。この内容は自分が書けばこうなる、と簡単にきめつけてしまう前に、わかりにくさを減らす努力を試みたい。たとえば、この長大な一文を二つか三つの文に切り離すことが不可能か。主語をもう少し前に移行できないか。修飾することばをもっと簡潔にし、平易な言いまわしに換言する方法はないか。そういうことが実際に可能かどうかはともかく、一度そのような検討をしてみるのが、それを読んでくれる相手の人間に対する礼儀であり、いたわりなのだと思う。

わかりにくい文章を書く当人は、それが他の人間にとってわかりにくいなどとは思ってもみないだろう。が、実はそこに問題があるのだ。ある内容をどれほど正確に表現したつもりでも、相手がその文章を必ずそういう意味に読みとってくれなければ、伝達が実現しない。その点から言えば、けっして他の意味には受け取れないように書くのが理想的だが、それは現実にはきわめて困難だ。書く側では文章にする前から一定の内容を頭に置き、そういう意味を伝えることのできそうな一つの表現を選ぶ。しかし、書き手が当然そういう意味だと決めつけた意味も、読む側にとっては、せいぜいその表現から読みとることのできる複数の意味のうちの一つの可能性でしかない。そういう事実を実感するには、書き手が自分の文章を一度は読み手の立場で読み通すことがどうしても必要だ。他人の目で読むことをとおして、自分の文章の、それまで気づかなかったわかりにくさを自覚することになるからである。

一般にことばというものは、受け手によっていろいろな意味に受け取られたり、意味があいまいであったりすることが多いものだ。書き手の真意をつねに正確に読みとるのは、読み手にとってそれほど容易なことではない。しかも、読みたくて読む人間ばかりではない。読む人間をできるだけ苦しめない文章に仕上げるためには、書く側の人間が、そういう読み手の無駄な苦労を可能なかぎり軽減する気持ちを忘れないことが大切だ。どんな文章も読まれなければ始まらない。何よりも必要なのは、他者を思いやる心である。

2 あいまいな表現

誤解の芽を摘む

「わかりにくい表現」のうち特に問題にしたいのが「あいまいな表現」である。「あいまい」というのは「はっきりしない」ということだが、そのうち、単に「ぼんやりしている」表現ではなく、複数の別の意味に受けとれるもの、すなわち「多義的」な表現をとりあげる。

二つ以上の異なった意味に理解できる「あいまい表現」は、さまざまな要因で生み出されるが、その主要な要因の一つに、修飾語のかかり方がはっきりしないことがある。

貴重なノート類を入れたバッグを手に提げ　――池澤夏樹『マリコ／マリキータ』

こんな何でもない表現にも、あいまいさがひそんでいる。いったい、「貴重」なのは何だろう。「ノート」だろうか、それとも「バッグ」だろうか。仮に「バッグ」のほうは思い出も何もない安物にすぎないとしても、その中身が「貴重なノート類」だから、バッグ全体として「貴重な」ものになる。「ノート」が「貴重」な場合はこのとおりの表現でいいが、もしも「バッグ」のほうが貴重な品であれば、「貴重な」という連体修飾語を「バッグ」の直前に移し、「ノート類を入れた貴重なバッグ」という語順にして読者の誤解を避けるのが普通だ。ところが、この場合はそういう一般ルールは通用しない。そういう順序に直してみても、依然として「ノート類が入っているために貴重なバッグ」という意味にもとれるからだ。ただ、この例ではさいわいなことに、「貴重な」という形容動詞がどちらの名詞を修飾していると考えても、全体の意味に大きな差を生ずることはなく、文意を理解するのにほとんど問題は起こらない。

ところが、修飾のかかり先次第で事実関係に大きな違いが生まれることも少なくない。「このあいだ亡くなった課長の奥さん」という例は、亡くなった人間を特定できない典型的なあいまい表現で、生きているほうの人間から文句を言われても弁解の余地がない。それでは、どう直せば無難な表現になるのだろう。それには、まず、亡くなったのが課長自身である場合は、「このあいだ亡くなった課長の、その奥さんが」、または「このあいだ課長が亡くなったが、あのお宅の奥さんが」と直せば、その点がはっきりする。

一方、亡くなったのが奥さんである場合は、そう単純には片づかない。一般ルールどおり、「課長のこのあいだ亡くなった奥さん」などとばか正直に換言すると、とんだ誤解を招きかねない。そそっかしい人は「亡くなった奥さん」以外にもまだ何人か、課長に別の奥さんがいるように錯覚するかもしれず、どうもおだやかではない。このような場合は、少し冗長になるが、「課長のお宅でこのあいだ奥さんが亡くなったが、あの奥さんは」とでもする以外、正確な伝達はむずかしい。

一夫一婦制の世の中では常識的にそういう誤解は起こりにくいが、しかし、「課長の奥さん」の箇所が「社長の秘書」となっている場合は複数の秘書ということが予想できるため、そのような誤解が現実にありうる。つまり、修飾関係の構造的な問題をつねにかかえこんでいるのである。

とはいえ、書いている当人は、ふつう自分の表現があいまいだなどとは考えもしない。書いているときにいちいちそんなことを気にしすぎると、文章は自分の思考のリズムでなめらかに流れていかない。原稿執筆者は、あまり細かいことにとらわれることなく自在に展開したほうがいい。このような問題は、文章をひととおり書き上げ、それを推敲する段階で検討しても間に合う。

会社員はその企業において、生徒はその所属する学校において、それぞれがその一員となり、そしてそのなかにおけるそれぞれの一定の責任を担い、その役割を果たすべく、そしてそこで、それぞれのその能力を遺憾なく発揮すべきであろう。

指示語を用いて文を展開すると格調高く見えるのだろう。こんなふうに格別に意味もなさそうなソ系の指示語をむやみに振りまわす文章をしばしば見かける。この例では、使って意味のある指示語はどれだろう。必然性のあるのはせいぜい一つか二つぐらいではないか。ことに最後の「その」などは、前に「それぞれの」があるから意味のうえでも重複しており、また、「会社員」や「生徒」から位置が離れすぎていて、その点でもかなり無理な使い方に見える。このように、何を指すかがはっきりしないまま指示語を安易に使うと、読む側によけいな負担をかける結果になるので、よくよく注意したい。

もう一つ、それを使えば意味が必ずあいまいになる表現を指摘しておく。それは「よう」を用いて打消でうける「……ように……ない」という構文である。「太郎は花子のようにスポーツが得意でない」などと書いて平気でいる人がいる。これだと花子はスポーツが得意だが、太郎はスポーツが苦手だという意味のほか、うまい下手は別にして、両者の技術を比較すれば太郎のほうが花子より劣る、という意味にもとれる。さらにはまた、太郎も花子も二人ともスポーツが不得手だ、という意味にもとれる。この場合は助詞の「は」を活用して取り立てる形で区別する手もある。たとえば、「花子のようには」とすれば二番目の意味になりやすく、「スポーツは」としておけば三番目の意味になりやすい。が、もっとはっきりと伝えるためには、「太郎は花子と違って……」「太郎は花子ほど……」「太郎は花子と同じで……」というように明確に区別した表現にすることである。このように誤解の芽をあらかじめ摘んでおくことが必要だ。

ただ、二つ以上の意味には絶対に理解できないところまで表現に無理を重ねると、今度はそのためにがんじがらめになって、すっきりしたわかりやすい文章という方向からそれてしまうこともある。むしろ、その表現があいまいであるかどうかは前後の文脈を含めた総合的な条件できまるのだ、というぐらいの気持ちのゆとりをもったほうがいいように思う。

関係は書き手がつくる

一般に、接続詞の機能は文と文との間の論理関係を示すところに本領があると説明される。しかし、それは、それぞれの文が指し示す事柄どうしの間に本来的にそなわっている論理的な関係自体を客観的に指示するわけではない。

今、仮に、「そのことだけを一心不乱に考えた」という事実と、「これはという妙案が思いつかなかった」という事実とがあったものとする。もしその二つの文を接続詞でつなぐとすれば、通常、「しかし」という意味のことばが選ばれるだろう。だが、そういうこの両者の関係は、だれかがそう解釈しただけであり、そこにあらかじめ存在したわけではない。事実、この場合もそれが唯一・絶対の関係づけだとは限らない。ふと、ある考えがひらめく、ということがあるとおり、いい考えというものは案外なんでもないときに突然なにげなく浮かんでくることもある。そう考えると、この二つの文の間の関係はおのずと違ってくる。この場合は、たとえば「そのためにかえって」というようなことばでむしろ自然につながることになるだろう。つまり、接続語というものは客観的な事実の論理それ自体を指示するのではなく、両者の関係をどうとらえるかという、表現する人間の認識のし方がそこに反映しているのである。極論すれば、文と文との関係は書き手がつくるのだと言うこともできるだろう。

　こうして幾日かはすぎた。薔薇のことは忘れられた。そうしてまた幾日かはすぎた。

——佐藤春夫『田園の憂鬱』

　まるで散文詩かと思うほどの、しっとりと美しい一節である。井伏鱒二が「そうして」の〝大家〟と評するこの作家は、「そうして」という接続詞を、まさにそれがぴったりとはまる箇所に配して、味わいのある文章にしてしまう天才なのだという。この一節も、接続詞「そうして」の絶妙な働きによって散文詩とも見える雰囲気を醸しだしている。このように接続詞を効果的に配することで、文章の展開や性格を特徴づけることもできる。

　また、接続詞や接続助詞、あるいはそれに相当する接続語句などを丹念に補うことで、時間的・空間的に連続するものごとを、そういう切れ目のない感じに表現することができる。描かれる対象の側の連続した感じに可能なかぎり近づけようとするこういう書き方をレトリックでは「接叙法」と呼ぶ。その具体的な一例を見てみよう。

私にとってはその人は、そのように確実な存在となった。しかもその人は私の意志とは関係もなしに——だから従って、私の外の実在というわけだが——勝手に遠くから徒歩の部下たちを従えて車を馳せて私のホテルの玄関までやってくるのだ。そして車寄せに部下たちを待たせると、深夜の正面階段を昇り私の部屋の廊下の外をさまよいはじめるのだ。それは小半時も続く。その間、私は緊張のために汗まみれになり、息をつめて苦しい時間を過すのだ。それから彼は諦めたように引き揚げて行く。

——中村真一郎『遠隔感応』

この作品は、主人公である「私」の二つの精神感応を交差させながら展開する。そのような奇妙な意識の流れそのものの側に論理的な区切れがないという事実に合わせ、それを追う表現のほうも、「その人は、そのように……しかもその人は……だから従って……そして……それは……その間……それから……」とわずかな隙間をきめ細かく埋めながら叙述が進んでいく。このような表現対象そのものの持つ連続感を、接叙法を利用することで効果的に伝えているのである。

逆に接続詞を控えることで、文章中にある種の効果をもたらす技法もある。

或朝のこと、自分は一疋の蜂が玄関の屋根で死んで居るのを見つけた。足を腹の下にぴったりとつけ、触角はだらしなく顔へたれ下がっていた。ほかの蜂は一向に冷淡だった。巣の出入りに忙しくその傍を這いまわるが全く拘泥する様子はなかった。忙しく立働いている蜂はいかにも生きている物という感じを与えた。

——志賀直哉『城の崎にて』

文章はこのあと、「その傍に一疋」、「それは三日程」、「それは見ていて」と、指示語によって展開し、「淋しかった。ほかの蜂が皆巣へ入ってしまった日暮、冷たい瓦の上に一つ残った死骸を見ることは淋しかった」と流れる。そして、この段落の最後に「然し、それは如何にも静かだった」という一文が来る。その「しかし」ということばが現れるまでの一〇個の文の間には一つの接続詞も立たず、淡々と文が並んでいる。ふつうは主観的になりやすい表現内容でありながら、ここは逆に客観的な印象を与える。接続詞を節約した文展開のこのようなあり方がそういう印象を作りあげる方向で密接にかかわっていることは否定できない。

迷ったら改行する

内容がどうとか言う前に、一目見ただけで読む気をなくしてしまう原稿というものがある。原稿用紙のマス目に文字がすきまなくびっしり詰まっていて、息苦しい感じのする文章だ。ほっとする白地の部分がほとんど残っていない極端に改行の少ない文章である。

そういう文章に出会ったとき、読みだす前に、いつも思う。行を改めることにさえ気がつかないぐらいだから、まして表現を練る余裕などはなかったにちがいない。これは相当読みにくいに決まっている。この調子では内容のほうもろくに整理されていないだろう。一瞬そんなことを考え、いよいよ読みたくなくなる。こういう文章は、どんなことが書いてあるかという以前に、字面のレベルですでに悪文たる資格が十分にそなわっているのだ。

しかし、改行の少ない文章が、つねに息の詰まる印象を与えるとはかぎらない。たとえば、谷崎潤一郎は一般に文が長く段落も長い作家として知られる。『細雪』などには、「井谷と云うのは、神戸のオリエンタルホテルの近くの、幸子たちが行きつけの美容院の女主人なのであるが」に始まり、「と云うような話なのであった」というところで改行するまで、約一五〇〇字ほども長々と続く例もある。しかし、文章が読みにくいということは全然ない。これは、この作家に段落の意識が欠けているというよりも、読者に文章の切れめをできるだけ感じさせないような配慮から、全体を大きなひとつの流れとして印象づけるための高度なレトリックなのだと考えたほうがいい。それとは逆に、永井龍男の名品『一個』のように、わずか一文ごとに次々と改行する例もある。

佐伯は、飽かずに眺めた。
嬰児が吊り手を取ることに、賭けているような気持だった。
何度目かに、大きく抱き直される瞬間だった。
両手を挙げたまま、嬰児が宙に浮ぶように見えた。
大きな瞳が、何らの不安なく、大胆に白い吊り手を見つめていた。

しかし、文が長いにしろ短いにしろ、これらプロの作家の例は、むしろ個人の文体の問題であることを忘れてはならない。だから、アマの文章にそのまま取り入れるわけにはいかない。では、素人の文章では、いったいどの程度書いたところで改行するのが適当なのだろうか。

それはもちろん、文章の種類によって違うから、一定のルールで判断することは不可能だ。論文のような硬い文章になると、一般に段落が長くなりやすい。が、読む側もその方面に知識があり、しかもはじめから覚悟してとりかかるから、少々長くなってもさほど問題にはならない。問題は、感想や意見を書く文章、随筆ふうの軽い文章の場合である。長く続きすぎると、少しうっとうしい感じになり、反対に段落を短く切りすぎても、ひらひらして落ち着かない。

自分の経験を振り返ると、一行が四二字程度のふつうの組みの本で、「数行」というあたりが読みやすいようだ。同じ字数を二段組の場合で単純に計算すると、その二倍弱、新聞では三倍近くの行数ということになる。ただし、字数は同じでも行数が多いと概して長く感じやすいから、段組みのときは通し組みの場合より若干短くなるように改行したほうが、見た目もすっきりするようだ。

もちろん、これはだいたいのめやすにすぎない。内容の関係で必要があればもう少し長くなっても一向にかまわない。要するに、必要な箇所で切らないのも、必要のない箇所で切るのも、一読してすっと頭に入ってこない原因となり、悪文の要素となる。ただ、無意識に書いて段落が短くなりすぎるほうは実際にあまり多くない。どちらかといえば、段落が不必要に長くならないほうに気をつけることが現実に役に立つだろう。迷ったら改行するという気持ちでちょうどいい。

プロの書き手の文章を読んでいて感心するのは、ところどころに「一文段落」を配して意味を強調したり、印象を深くしたり、文面に変化をつけたりしていることだ。さすが専門家は違うと思うが、そんな高度の表現技術は、自然な段落づくりが自分の身についてからでも遅くない。

何字とか何文とかと述べてきたのは量的なめやすであるが、それは補助的な手段にすぎない。つまり、情報面ではそこで改行してもしなくてもどちらでもいいような場合に適用する基準なのだ。本道としてはあくまで、意味のうえでなんらかの内容上のまとまりがつくところで改行すべきである。

次に、その意味内容との関連で改行の問題を別の角度から考えてみたい。

第一に、冒頭の部分や結末の部分をそこだけ独立させて明確に区切る場合は、まずその切れめのところで行を改める。第二に、文章全体の中心をなしている展開部においても、一つの話題が終わって次の話題に移るごとに改行する。第三に、話題自体は一応つながっていても、その大きな話題のうちの小さな話題が次に移れば、やはりそこで改行してあったほうが読んでいてわかりやすい。第四に、話題自体はつながっていても、それをあつかう観点や論じる角度が違ったり、また、書き手の気持ちが変化したりした場合も同様である。

第五に、同じ話題が続き、視点や心理の変化も生じない場合であっても、一つの段落があまり長くなりすぎるようであれば、そこに今度は前述の量的な基準を適用し、形式的にいくつかの段落に分けるほうが親切だ。第六として、そういった内容の問題とは無関係に、二文以上にわたる会話や引用などをその文章中にはさみこむ場合は、その引用部分の前後で改行すると読みやすい。

意味が重層的に展開する文章では、その構造上、そこで改行すべきかどうか、書いていて迷うことがよくある。そういう場合は、何よりも読む人間のことを最優先に考え、どちらのほうが読みやすいかで決めたい。そこまで行ってもなお微妙なケースが出てきたら、奥の手を出す。「迷ったら改行する」という最後の原則がそれだ。経験的に、そのほうがわかりやすい文章になるように思うからである。

5 引用

借用証書のすすめ

自分の文章中に他人の言などを引くことで、表現内容に妥当性を持たせ、説得力を強める技法を「引用法」と呼ぶ。たとえば西尾幹二の『古典のなかの現代』に、次のようなくだりがある。

フランシス・ベーコンに次のような名文句がある。

実際的な人は学問を軽蔑する。単純な人はそれに感心し、賢い人はそれを利用する。

つまりこれは学問の実体についてではなく学問の外見や効果について述べられた言葉で、少し老成した人なら、学問もまた処世の一部で、外見や効果が少なくともその実体の半分を形成している事実に着目せずにはいられないだろう。

著者の主張の中心は、「学問もまた処世の一部で、外見や効果が少なくともその実体の半分を形成している」という点にあるだろう。そのことを自分のことばで述べる前に、この著者はそういう考え方の裏づけとして他人のことばを引く。しかも、この例では、その引用が、近代的な方法を打ち立てた経験論の始祖とも言うべきフランシス・ベーコンという英国の偉大な哲学者の言であることに大きな意味がある。それが著名な大学者の名文句であるだけに自らの主張もその分、説得力を増し、また、それによって文章に権威も備わり、全体として補強の効果をおさめている。

この文章では、フランシス・ベーコンのことばと明言し、それがどこからどこまでかという点もはっきり断っているので誤解を受ける心配はないが、なかには何の断りもなく勝手に他人のことばを引用している場合もある。読んだ人は、書き手が自分で考えたものと錯覚し、そのために書き手が不当に高い評価を得ることもあるだろう。案外、書き手は無邪気なのかもしれないが、それは結果として、被害届が出てもおかしくない行為なのだ。借りたら借用証書を書こう。

他人の文章を引用する場合、作品名や引用部分を「　」で囲むのが一般的である。

川端康成「千羽鶴」は「鎌倉円覚寺の境内にはいってからも、菊治は茶会へ行こうか行くまいかと迷っていた。」と始まる。

二、三行程度までの短い引用ならば、このように「　」で囲んで自分の文章の中に組み込んでも問題ないが、数行以上にもわたる長い引用になると、読んでいる間にその部分が引用であったことをうっかり忘れたり、地の文と紛れてしまったりする危険がある。少し長くなるようなら、改行して引用部分を独立させたほうが読みやすくなる。独立させる場合は改行してあることで引用範囲がわかるから、その部分をさらに「　」に入れるような無駄は省く。全体として二字下げて書くと、地の文との区別がはっきりしてわかりやすい。行数に余裕がある場合は、引用箇所をさらに明確にするため、この本で採用したようにその前後を一行ずつ空ける方法もある。

引用に際しては、可能なかぎり原文を尊重するのが礼儀だ。元の文章の意味や原著者の意図が誤解されるような切り方は絶対避けなくてはならない。また、形式の点でもできるだけそのまま書き写すように心がける。厳密さを求められる文章では、表記を改めることも控えたい。原文に誤りらしいところがあっても、それを自分で勝手に直さないという態度が必要だ。原文どおりに書けば誤記と思われそうな、明らかな誤植などの箇所でも一応そのまま記す。ただし、そういう箇所だけは、縦書きの原稿の場合その右側の行間に小さく（ママ）と書き添えておく。これは「原文のまま」という意味の記号である。

縦書きの文章に横組みの本から引用する場合、なにも几帳面にそこだけ横に書くという必要はないが、やはり厳密を期する文章では、引用の末尾に（原文横組み）というふうに注記する。古い本から引用する場合など、漢字を新字体に変えることもあり、時には現代仮名づかいに改めることもある。そういう際にも同様に、そのことがわかるように注記することが望ましい。本書でも、漢字を新字体に、旧仮名づかいを現代仮名づかいに改めている。

原文を改変するのでなく、引用した文章の一部に注目させたい場合に、その箇所に傍点を打って示すことがある。そんなふうにともかく引用する者が手を加えた場合は、最後に（傍点筆者）などと断っておくのが厳格な態度である。

繰り出し方で感じが変わる

将棋で、角道をあけてから飛車先の歩を突くのと、その逆の手順をふむのとでは、効果は大きく違ってくる。野球でも、終盤の緊迫した局面で投手が内角高めに速球を投げ込んでから外角低めにワンバウンドしそうなフォークボールを投げるのと、その逆の投球をするのとでは、同じ打者との勝負でも結果に重大な差が出るにちがいない。

ことばについてもこれと同じことが言える。繰り出し方で感じが変わるのだ。同じことばでも、どういう順序で出すかによって、効果に大きな違いが生じることがある。

僕は先日、中央線で妻と銀座のデパートにコートを買いに行った。

「僕は」「先日」「中央線で」といわゆる文節を単位にして切ると、この一文は九つの要素に分かれる。「銀座のデパートに」を「デパートに銀座の」と言ったり、「買いにコートを」と言ったりするのは日本語では許されないが、「先日僕は」とか「妻と中央線で」とか、あるいは「妻と先日僕は中央線で」とするなど、かなりの部分がたがいに置き換えが利く文である。そのあたりはどう並べてみても、意味はだいたい同じだ。しかし、ニュアンスの違いはもちろんある。もし「コートを買いに」が文の頭に位置すれば、そこを主題としたように際立って見え、その他の部分は説明として軽く添えたような感じに変わる。また、「先日」「中央線で」「妻と」などが仮に「行った」の直前の位置に移動したとすれば、そのことばが強調されたような印象を受けるだろう。

こんなふうに、文の構成要素は同じであっても、その並べ方を違えるだけで、伝達内容の焦点となる部分が別の場所に移る。可能な語順のうちどれを選ぶかは、その情報をどんな感じで相手に伝えたいのか、という表現する者の意図に応じてきまる。

ここで、「手を上げて横断歩道を渡ろうよ」という有名な交通標語を例として、語順の基本的な問題を考察しておきたい。

文節を単位にして順番を考えると、「手を上げて」の部分を「上げて手を」と入れ替えることも可能だが、それを切り離して、「横断歩道を上げて」とか「渡ろうよ手を」とかと位置を勝手に動かすわけにはいかないから、この場合は「手を上げて」をひとつのかたまりとして扱う。そうすると、この標語は、その「手を上げて」と、「横断歩道を」と「渡ろうよ」という三つのかたまりで成り立っていることになる。その三つの要素がどういう順序で出てくるかをすべて掲げれば、次の六通りの組み合わせになる。原作をAとし、以下順にF

まで規則的に並べてみよう。

A　手を上げて　横断歩道を　渡ろうよ
B　手を上げて　渡ろうよ　横断歩道を
C　横断歩道を　手を上げて　渡ろうよ
D　横断歩道を　渡ろうよ　手を上げて
E　渡ろうよ　横断歩道を　手を上げて
F　渡ろうよ　手を上げて　横断歩道を

どの文も情報の大筋は一致する。しかし、表現性を含め、その細部にはいろいろな点で違いが見られる。ひととおり眺めわたしただけでも、こんな差が感じとれる。

まず、力点の置き所がそれぞれの文で違った感じになる。原文のAの場合は、「手を上げて渡る」という情報と「横断歩道を渡る」という情報とが似たような力点で伝わってくるのに対して、「手を上げて渡ろうよ」というつながりのあるBとCとの場合は、「手を上げて渡る」というほうの事柄が強められたように感じられる。そして、もう一つ、Bではその後に添えられた部分、Cではその前に置かれた部分、すなわち「横断歩道を」という情報が、ちょっと話題として持ち出されただけのように軽く扱われた印象がある。

Ｄの場合はその反対で、「横断歩道を渡る」という情報が強調され、「手を上げて」という情報は但し書きとして添えたような軽い感じがする。

次に文のリズム、読んだときの調子の面に目を向けてみよう。ＡとＥは五・七・五、ＢとＦは五・五・七、ＣとＤは七・五・五となる。それだけでもＡとＥが最も舌に快い調子であることを思わせ、実際に声に出して読み比べてみると、その両者が際立ってリズミカルであることが実感できる。

もう一つ、ＥとＦとを読み比べてみよう。情報伝達の面で、両者とも道路を横切ること自体を勧めているような妙な感じがある点は共通する。が、日本語としての自然さという点で相当の差があり、日本語を母国語としている人間にとって、Ｅのほうがずっと自然な感じがする。Ｅはことばがなめらかに流れるが、Ｆはたいていの日本人が極度の抵抗感を意識するのではなかろうか。我慢がならないほど日本語らしくない不自然な流れに感じられる人もありそうだ。

Ｆの違和感はいったいどこから来るのだろうか。ＥがＡとともに五音・七音・五音という律動感あふれる諧調で耳に快く響くという点はすでに指摘した。しかし、Ｆが許せない感じがするのは、そういうリズム感の欠如のせいだけではない。リズム感に欠けるのはＦだけではないのである。自然な日本語として特にひっかかるのは、次のような事情によるのではないか。

「横断する」は他動詞、「横切る」は辞書によってまちまちであり、「渡る」は自動詞という認定になっている。そういう違いはあるにしても、その動詞の対象なり移動空間なりを示す「横断歩道を」という要素のほうが、説明的な副詞句である「手を上げて」という要素よりも、動詞との結びつきが本質的である。Fの場合、その本質的な結びつきの間に、「手を上げて」というそれほど緊密でない要素が割って入る形になる。そのことから来る不自然さが強く響いている。

このように、どの角度から見ても、原作のAは、他のあらゆる配列モデルより自然なのである。

足もとのおしゃれ

何年か前から、本の原稿はたいていワープロを使って書くようにしている。今使っている機械の機能を説明したガイドブックを取り出して、ためしにページを繰ってみると、たとえば、こんな調子で文章が展開する。「本機では、機能説明、操作説明を画面で確認することができます」という一文からスタートし、そのあと、「……と呼びます。……が詳細に記述されています。……対処方法も見ることができます。……操作説明を見つけだすことができます。……操作説明をすばやく見つけだすことができます」と続く。

右に引用した箇所は六つの文で構成されているが、そのうち三分の二にあたる四文が「ことができます」と結んである。残る二つの文もやはり「ます」で終わっている。つまり、この部分を読むかぎり、実用文であるとはいえ、文末の表現がいかにも単調に感じられる。機能を説明するという内容の関係で、「ことができる」という意味の文末がどうしても多くなるのだろう。また、読み手がその機種の利用者であり、一種の客に対する言葉づかいであるところからデス・マス体が選ばれ、「ます」で終止する文が連続する結果となったのだろう。

このように文末が単調なのは、なにもこの説明文が特にへたくそに書いてあるからではない。気にせずに書けば、日本語の文章はもともとそうなりやすい性格を持っているのだ。ふつう、文は述語で結ぶ。その述語はたいてい動詞か形容詞・形容動詞だ。しかも、日本語の動詞は「招く」「走る」「買う」というふうに、常体の場合、肯定の断定形は判で捺したようにウ段の音で終わる。ウ段のなかでも、圧倒的に多くはルで終わる。形容詞のほうも「長い」「おかしい」のようにみなイで終わる。形容動詞は「なごやかだ」「健康だ」というように、すべてダの形で終わる。「地震だ」「大問題だ」というふうに名詞に助動詞の「だ」をつけて結ぶ文もあるが、それも最後は形容動詞とまったく同じ音になる。

それを丁寧な敬体に変えても、結びには必ず「です」や「ます」を伴うから、結局はどれもスという音で終わることになる。

デアル調に比べてダ調は一般にぞんざいな感じになるが、それほど改まらない文章では、両方を交ぜることも少なくない。両者が交じったほうが文末表現に変化が生じ、文章に凹凸を感じさせるという利点もある。しかし、そこにデス・マス調が交じったりすると、そちらは敬体なので、羽織はかまにサンダルをつっかけたようなちぐはぐな感じになってみっともない。

述語が最後に位置する日本語の性質上、文の終わりにならないとその文全体の意味がはっきりしない。「思う」のか「思わない」のか、「である」のか「ではない」のか、「だろう」

なのか「かもしれない」なのか、「しよう」というのか「したい」というのか、「してくれ」というのか「するな」というのか、そういう肝腎なことが文末で決まるからだ。

そのため、文章を書く人の姿勢や態度がその部分に反映する。そして、各文の結び方が時には文章全体の印象を左右することもある。「だ」や「である」できっぱりと結ばずに、いちいち「だろう」「ではなかろうか」「ではないとも言えない」などという文末表現を続けると、文意とは別に文章全体が優柔不断な印象を与える。そして、いかにも自信のなさそうな執筆態度に感じられ、ひいてはその書き手の性格まで疑われることになる。夏目漱石の有名な『吾輩は猫である』の書き出しについて、そのへんを具体的に確かめてみよう。

> 吾輩は猫である。名前はまだ無い。
> どこで生れたか頓と見当がつかぬ。何でも薄暗いじめじめした所でニャーニャー泣いて居た事丈は記憶して居る。吾輩はここで始めて人間というものを見た。然もあとで聞くとそれは書生という人間中で一番獰悪な種族であったそうだ。此書生というのは時々我々を捕えて煮て食うという話である。

それぞれの文末表現を注意深く見ると、「猫である」「まだ無い」「見当がつかぬ」「記憶して居る」「見た」「種族であったそうだ」というふうに、どれ一つとして同じ形がないことに驚く。なかでも、「まだ無い」の次の文で、「見当がつかない」とせずに「つかぬ」と音を変えた点が目を引く。これはおそらく、別の段落になっているにもかかわらず、ともかく「ない」という文末が隣り合うのを避けるためだろう。文末に限らず、同じことばを繰り返さないように注意し、人一倍音の印象を大事にした漱石の美意識というものが端的に示された一例であると言うことができよう。ここでの「無い」は形容詞、「つかない」の「ない」は助動詞で、それぞれ品詞が違うが、どちらにも否定の意味が含まれる。おまけに、連続する二つの文の結びが同じ音で響く。調子を大事にした漱石にはそこが何よりも我慢できなかったのだろう。一方を漢字にし、一方を仮名で書いたのも、あるいは、できるだけ違う印象を与えようという配慮だったかもしれない。そのあとの「……であったそうだ」と「……という話である」という区別にも似たような感覚が読み取れるのだ。足もとのおしゃれみたいなものかもしれないが、それにしても、この冒頭の箇所はみごとなまでに多彩な文末表現を演出している。

桜はすでに満開を過ぎていた。そこへ昨夜の吹き降りで、雨は止んだが風は相当強い。雲が多く、半島全体が照ったり曇ったりしている。海は一面の風波だ。

——永井龍男『風』

桜—雨—風—雲—海と流れるイメージの展開と、それに呼応するように繰り広げられる多彩な文末表現で快適なテンポを生み出している。書き出しに近いこの一節の文末表現の配置にも、よく鍛えられた並々ならぬ言語感覚が感じられて、表現がまぶしいほどだ。「……ていた」「……強い」「……ている」「……風波だ」と、過去形あり、現在形あり、補助動詞あり、形容詞あり、名詞述語文ありで、そのバラエティーの豊富な点に目をみはる。このあたりにも名文家にふさわしい鋭敏な言語感覚が働いているように思われる。

一方、単調ではあるが自然な文章が、それなりにひとつの味わいを醸しだすこともある。

午後二時ごろ稲田はやって来た。上れと言ったら、素直に上って来た。何を話していいか僕には一寸見当がつかなかったが、稲田は話の上手な男ではなかった。僕の方から話さないと話が途絶えがちだった。稲田はいくらでも黙っていられる質(たち)らしいが、僕の方はそうはゆかなかった。

——武者小路実篤『真理先生』

この一節では、まず初めの二文では、一度「来た」と文を結んだあと、次の文も同じ「来た」で閉じる。他の箇所を見ても、だいたいこの文章は、「上れ……上って来た」とか、「話して……話の……話さないと話が」というぐあいに、同じ文のなかでも同じことばやその変形を何度も使う。単調さを避けようという意図さえ感じられない。文末も同様で、「……来た。……来た。……ではなかった。……途絶えがちだった。……そうはゆかなかった」と、ことごとく「た」止めである。単調は単調だが、むしろその単調さが、「……た。……た。……た。……た」と、いわばメトロノームにも似たある種のリズムを感じさせることもある。

形式よりも気持ちが問題

原稿を書いているときに、人の名前に敬称をつけるべきかどうか、また、つける場合にどんな敬称にするかという点で迷うことが多い。「アリストテレスさん」とか「エジソン氏」とか「アインシュタイン殿」とかと書くことはまず考えられない。日本人の場合であっても「藤原道長様」とか「平賀源内君」とかと敬称をつけた例は見たことがない。外国人に敬称をつけにくいのは、自分から縁遠い感じがするからかもしれない。外国人でも自分と交流のあるような直接の知人であれば「ジョンソンさん」などと「さん」ぐらいつける。歴史上の人物には敬称をつけないというルールめいたものもある。マイナーな存在についても同じことが言えるとすれば、これは単に有名だからというより、やはり身近な人間ではないからだろう。故人の場合に呼び捨てにしやすいのも、生きていたときより気遠く感じる気持ちとつながるからかもしれない。現存しているか否かに関係なく、職業上の名称や有名人に対しては一般に敬称をつけない習慣がある。しかし、個人的なつながりがあると、敬称を抜いては失礼な気がする。かつては「井伏鱒二」と呼び捨てにしていたが、清水町のお宅を訪問して以来、講義中など「井伏さん」と言うこともある。

論文などの場合は、最初に「敬称省略」とはっきりことわって、その文章ではすべて敬称抜きで通すのが無難なようだ。が、随筆風の文章となるとそういうわけにもいかない。少し硬い文章には「氏」を用い、軟らかめの文章では「さん」にするなど、敬称を使い分けるのも一法だ。要は、べたべたしない範囲で礼を失しない配慮をすることである。

敬語の誤りとしてよく指摘されるのが、「控え室で少しお待ちしてください」のように謙譲の形式の「お……する」「ご……する」を尊敬のつもりで使う例だ。ここは「……お待ちください」とあるべきところだ。「何かございましたら当方にご相談してください」というのも類例で、これも「ご相談ください」としたい。失礼を埋め合わせようというのか、その前後に尊敬の形を追加した例も多い。「親切にお教えしていらっしゃいます」という形など、本体がもともと謙譲の表現なので、そこに尊敬の飾りをくっつけると、よけいちぐはぐな感じになる。

あまり丁寧に言いすぎても、かえっていい感じを与えない。まさか「おごぼう」「おひらめ」「おハンバーガー」「おAV」と言う人はあるまいが、上品ぶってやたらに「お――」を連発するのは感じがよくない。また、「おっしゃる」で十分に丁寧なのに「さきほど先生がおっしゃられた……」などと二重敬語を使うのも、へつらっている感じがして、あまりいい印象を与えない。過剰な敬語使用は逆効果になることさえある。それどころか、自分の無知を印象づける結果にもなりかねないので注意したい。形式よりも気持ちが問題なのだ。いくら最大限の敬語をふりまわしても、なぐり書きの手紙では相手に失礼にあたるように、敬語表現の形自体に問題がなくても、全体としての適切さを欠けば、敬語表現の精神に反するのである。

述語は忘れないうちに

急ぎの仕事を片づけて、やれやれという気分で一息入れる。そんなときに、お茶が飲みたいと思う。しかも、濃いのがほしい。そこで近くにいる家の者に「濃いお茶が飲みたいね」と言いかけて、到来物の和菓子があったことを思い出し、あわてて「練り切りと濃いお茶が飲みたい……」と言いそうになり、はっと気がつくことがある。お茶は「飲む」が、生菓子をごくんと「飲む」のは無理だからだ。

といって、「食べたい」とすれば今度はお茶に合わなくなり、やはり文の筋が通らない。「飲み食いする」という言い方は「他人の金で飲み食いする」といった響きもあって、家の者に「濃いお茶と練り切りを飲み食いしたいね」などと言うのはためらわれる。結局、「濃いお茶と練り切りでもほしいな」あたりで折り合うことになる。

苦労するのは食生活だけではない。衣類などでも「帽子とコートと上着とズボン」などを一緒に扱う場合は注意を要する。「脱ぐ」ときは簡単だが、着衣の際は面倒だ。いちいち「かぶる」「はおる」「着る」「はく」と使い分けて並べるのはわずらわしい。そこで、ちょっと頭を働かせ、まとめて「身につける」と逃げるような機転が必要だ。

ことばの省略と脱落との境界線はなお微妙だから神経を遣う。「省略」というと体裁がいいが、読んですぐ意味がとれないような場合は、必要な語が不注意で脱落したと考えてたいがいまちがいない。

「禁煙に踏み切ったのは、必ずしも病気の心配だけではない」という言い方は、どこか舌っ足らずの感じがある。何が「病気の心配」に対応し、何が「病気の心配だけではない」の主体なのか、この文では構造がはっきりしない。ここはやはり「病気になるのを心配するからだけではない」というふうに必要な要素を補って明確にしたい。

詩人の堀口大学は、長年の翻訳の仕事を通じて実感した「日本語の最高の特徴」は、「主格を省いて、それではっきり表せる」ことだと語っている。しかし、それは、「これ以上ねじを巻いたら切れちまうところまで張りつめなくては」という気持ちで、情熱を注いでことばを磨きあげたこの詩人の口から出たからこそ深い意味があるのだ。素人が「日本語は言葉足らずでも通じるところに値打ちがある」などと安易に考えては困る。

あることについて書いているとき、それと関連した別のことが頭に浮かんで、一つの文を書き終わらないうちに途中でそちらに乗り換えてしまうことがある。特に頭の回転が速くてせっかちな人は、書くほうが頭について行けず、えてしてこういう乗り換えミスを起こしやすい。「彼には二人の息子が、どちらもすでに就職して東京で暮らしている」というように展開するのが、その典型的な例である。

この書き手はきっと、ある男に二人の息子があることをまず書こうとしたにちがいない。ところが、「ある」とか「いる」とかという述語で文を結ぶ前に、ただし、もう独立して今は親といっしょに住んでいるわけではないということをことわる必要があると思い、途中でそちらの説明に移ってしまったのだろう。そこで、どちらの息子もすでに就職して、今では親元を離れて東京に住んでいる、と折れ曲がってしまったのだと推測される。忘れないうちに述語を書くことだ。

このぐらいの短い文の場合は、書いている当人がそのねじれに容易に気づくはずだが、「あちらのお宅は代々女系家族で、母親も女のきょうだいばかりだったし、彼女自身にも男の兄弟が一人もいなくて、彼女より三つ年上のすぐの姉と、それからさらに二つ年かさのいちばん上の姉と……」などと文がどんどん長くなってしまうと、あとから読み返したときも、そのあとの文のねじれに簡単には気がつかない。

文の筋が通らなくなり、しかも自分でそれに気がつかないのは、一目で制御できる範囲を超えて文が長くなってしまうからである。物事に熱中しやすく全体を見失いがちな人は、うっかりこういう文章を書きやすいから、一つの文が長過ぎないように注意する必要がある。「前々から何度も話に聞いていて、また実際そこに自分で足を運んでみて、ほんとにあきれはてたことに、わざわざ国技館まで出かけながら、ただただ人気のあるお相撲さんのあとを追いかけまわすだけで、せっかくの相撲を見ることとさえ忘れて騒ぐ客が増えて、大相撲をすっかりだめにする」などとだらだら流れる長文もいただけない。あまりのことに憤慨している気分だけは何となくわかるものの、意味の続きぐあいがうまく行っていないため、全体として文がごたごたして文意がすうっと伝わらない。

まず、「話に聞いていて」と「足を運んでみて」とが平板に並んでいて、文がしまらない。さらに、その二つがいったいどこにかかっていくのかさっぱりつかめない。この場合は「話に聞いていて」を「話に聞いていたし」に換え、「足を運んでみて」のあとに「はっきりわかったことだが」と付け加えれば、どうにかその部分の筋は通る。

しかし、これほどまでにごたごたした主な原因は、そんな細かいことより、一つの文にあれもこれもごちゃごちゃと詰めこみすぎたことにある。

前々から何度も話には聞いていたが、このたび自分で足を運んでみて実感できた。やはりほんとうだった。わざわざ国技館まで出かけながら、ただただ人気のあるお相撲さんのあとを追いかけまわすだけとはあきれたものだ。相撲を見ない客は相撲ファンではない。こういううわついた人気が大相撲をだめにする。

こんなふうに五つの文に分けると、ずっと読みやすくなるだろう。この程度の長さの文なら無理なく書けるし、仮にねじれてしまっても、自分ですぐ気がつく。

文構造の欠陥は、こんなふうにその構造がはっきりわかるようなすっきりとした短い文になるように心がけることで防げるはずである。

文構造の欠陥の中でも特に困るのが、必要な主語や述語が抜け落ちたり、脱落しないまでも両者の関係が乱れたりすることである。一般に主語と述語との間が離れすぎるとわかりにくくなる傾向がある。読み手はすでに出た主語を忘れないように気を配りながら、述語が現れるまで長々と読まされるから、負担が大きくなるのである。主語と述語が文のはじめと終わりに分かれやすいという日本語の文法的な性質上、両者の間隔がどうしても大きくなりやすい。そこで、読み手の負担を軽減するためには、無理なくできる範囲で文を短くし、主語と述語との関係を明確にすることだ。そして、なお、文構造だけでなく文章構造にも明晰さを求めたい。

主語があるのかないのかはっきりしない次のような文も読者泣かせだ。千早耿一郎『悪文の構造』に引用してある山崎豊子の『華麗なる一族』中の長い一文である。

最後に最前列の本店営業部長がたち上り、支店長を代表した形で、本店と支店とが一体となって預金増強の目標を目指す決意を述べはじめた時、総務部長が芥川常務に何か耳元で報告し、次いで芥川が万俵頭取に伝えると、そそくさと席をたって行った。

いったい「席をたって行った」のはだれだろう。万俵頭取なのだろうか。それとも芥川常務なのだろうか。その判断に迷うのだ。頭の体操を強いられるのは読者にとって迷惑である。

10　文の長さ

手を抜くと文が長くなる

昔、仕事で井伏鱒二宅を訪ねた折、こんな話を聞いた。ある人物が、谷崎潤一郎に小説家になる心得を尋ねたところ、「とにかく長い文を書けばいいんだ」と言われてあきれたという話である。この文豪が本当にそんな答えをしたのかどうかは今更確かめようがないが、そんな話がいかにもありそうに思うほど、実際に谷崎自身は一つ一つの文の長い文章をつづった。

それに、上本町の本家と、蘆屋の分家と、夙川（しゅくがわ）のアパートとで、そう一々、妙子が何時に彼方（あちら）を出たから何時には此方（こちら）へ着く筈だと云う風に連絡を取っていなかったことなどを考えると、幸子は少し自分がぼんやり過ぎたか知らんと云う気がして、或る日妙子の留守を窺ってアパートへ行き、友達の女主人に会っていろいろそれとなく聞いてみたりしたが、女主人の云うのには、こいさんも近頃は偉くなって、製作法を習いに来る弟子が二三人も出来たけれども、それは奥様やお嬢様たちで、男の人と云っては、箱の職人が時々注文を取りに来たり品物を納めに来たりするくらいに過ぎない、仕事は、やり始めたら凝る方で、午前三時四時になることも珍しくないが、そんな時には、泊る設備もないことだから一服しながら夜の明けるのを待って、一番電車で蘆屋へ帰って行くと云う話で、時間の点なども辻褄が合っていた。

——谷崎潤一郎『細雪』

この引用箇所は句読点を含めて三七〇字にも達する。その全体がワン・センテンスになっている。つまり、中にテンが二一個も含まれ、最後のマルが来るまでに、なんと三百何十字もべたに書いてある長大な一文なのだ。しかし、まことにふしぎなことだが、これを読んでいて特に読みにくいという印象はない。全体がまったく自然に流れていて、これだけ長い文としては奇跡的と言っていいほどすらすら読めて、読者が文意をとるのに何の不自由もない。

もしも文頭の副詞か何かが文末の動詞に係っていくような、おそろしく複雑な構造の文だったとしたら、三百何十字という長さはとうてい一息に読める長さではない。たった一つの文がそれだけで原稿用紙のほとんど一枚分近くを占めるようなこういう文章を、ここまで円滑に流れるように書くのは並大抵の技術ではない。日本語というものの言語的な性格を知り尽くし、自由自在にあやつる高い表現能力をそなえた大文章家にしてはじめて可能なのである。三〇〇字を大幅に超え、むしろ四〇〇字に近いようなこういう一文を、これほどよどみなく展開させる芸当は、素人にはまねのできない高等技術なのである。

しかし鶴はその春、まだ学校を卒業しないのだそうだ。そうして兄が結婚するまではそういう話を聞くのさえいやだという先方の答えだったと聞いた。その後一度、偶然に甲武電車で逢った。それは四月四日だった。その後鶴には逢わない。

その後鶴の話はそのままになっている。自分には望みがあるようにもないようにも思える。

自分と鶴の関係はあらまし以上のようなものだ。
自分はまだ、所謂（いわゆる）女を知らない。
夢の中で女の裸を見ることがある。しかしその女は純粋の女ではなく中性である。
自分は今年二十六歳である。
自分は女に餓えている。

——武者小路実篤『お目出たき人』

「その後一度、偶然に甲武電車で逢った」という文から引用の最後の文まで、句読点を除くと一六字、一〇字、一〇字、一七字、二二字、二一字、一三字、一五字、二〇字、一二字、一〇字という極端に短い文が連続する。このような内容の文章を、よくぞこういう短い文を連ねて書けたものだと驚嘆するほどだ。どうしてこんなことが可能なのか。それは、この種の内容からは信じられないまでに、言いわけじみたことばを一切述べないからではないか。言い換えれば、居直りもせず、照れもしない、まるで告白のような率直な書き方のためである。しかも、そこには無理をして抑制したような跡がない。そのため、行間にたゆたう言外の意味も情緒的な意味も何もない。ただそこに書いてあるだけの、それだけの意味の文章である。こういう文章が読む人の心をつかむのは、何といっても、その並はずれた率直さの力にほかならない。

ふつうに書けば、じめじめした文章になってしまいやすい内容を、こんなにも爽快に表現できたのは、この作家のからりとした表現態度のせいである。その結果、文が短くなった。その短文性が、また結果としてじめじめした感じを吸いとる、いわば除湿の役割を果たしていることもまちがいない。そしてまた、そのために、この内容からはほとんど奇跡的と言ってもいいほどの軽快なテンポが生まれたのである。

それでは、一般の書き手はどの程度の長さで文を切るのが自然なのだろう。むろん、一概には言えない。学校の教科書の場合、一文あたりの平均は、小学校で三〇字から三五字ぐらい、中学校で四〇字以上、高等学校では四五字以上になるらしい。

成人を対象とする文章の場合も、その種類によって大きく違う。同じく雑誌といっても、その性格によってかなりの差があるようだ。大衆的な雑誌で平均が三〇字台、文芸雑誌で四〇字台、硬い総合雑誌の場合は六〇字ほどとなり、専門的な学術雑誌では七〇字以上になるという。

読みやすい文章をめざすには短めに切ることを心がけたい。平均三〇字以内になるように文を切って書けば、文の長さの点ではかなりやさしい文章になるはずだ。平均で四〇字ぐらいまでは読みにくくなる心配はあまりないだろう。平均で五〇字以上になるようだと、ある程度読みにくくなると考えておいたほうがいい。もし一文あたりの平均が六〇字以上になるようなら、それだけで読者に大きな負担をかけることを覚悟する必要がある。

手を抜くと文は長くなりやすい。文が長くなりすぎないようにするためには、原稿用紙の一行が二〇字として、なるべく二行以内で文を切ろうとする心構えが大切だ。どうしても切れずに三行、四行にわたることがある。そういうことを気にする必要はまったくない。二行で切ろうとする気持ちを忘れないかぎり、長くなるにはそれだけの必然性があるからだ。

それでは、どんな文を書けば短くてすむのだろう。一つには、とかく表現を飾りたがる悪い癖を直すことがまず必要だ。そして基本的には、一つの文では一つのことを述べるという原則に立つことである。一つの文に多くの情報を詰めこみすぎないようくれぐれも気をつけたい。吉行淳之介は、志賀直哉の文の一つ一つが短く、かつ正確であることを例にとり、「正確に書こうとすれば文は自然に短くなる」と論じ、「あんまり形容詞なんか入れないで書いたほうが強く書ける」と自分の文章観を述べている。

一方、一行に二つも三つもマルがあるような極端に短い文が続いても読みにくい。ぶつぶつ切れる感じだと、読んでいて落ち着かない。しかし、短すぎるほうはそれほど気を遣わなくていい。短い文を続けるのは努力が要るから、自然にそんな文展開にはめったにならないからだ。短い文を連ねた自然な文章は、充分に時間をかけ、練りに練って書いてあるはずなのだ。

手を抜けば、文は自然に長くなる。それだけはいつも念頭におきたい。

書く側が時間をかけないと、読む側で時間がかかる。他人の時間をむしり取る権利はだれにもない。わかりやすい文章を書くためには、そのぐらい大げさに考えたほうが効果がありそうだ。

11 ことばの選択

三方向から一語にしぼる

ある文脈で使えそうないくつかのことばから最も適切な一語にしぼる過程で三つの別の角度からの検討が必要だ。一つは、ことばが何を指し示すかという対象のニュアンスを論理的にとらえ、その点で最もふさわしいことばを決めるという方向だ。次は、やわらかい感じのことば、改まったかたい言いまわしというふうに、その文章の基本的な調子に合わせて、全体として文体的な調節をおこなう方向での選択だ。もう一つは、男っぽいとか、年寄りじみたとかといった語感の違いの点で、自分の気持ちにぴったりしたことばを選び出す方向である。基本はこの三方向だ。

夏目漱石の『倫敦塔』はこんな一文で始まる。

二年の留学中只一度倫敦塔(ロンドン)を見物した事がある。

「只一度」と、まず「度」ということばを使う。そして、対句風の二つの文を隔ててこう続く。

一度で得た記憶を二返目に打壊(ぶちこ)わすのは惜い、三たび目に拭い去るのは尤も残念だ。

同じく回数のことを指すのにも別々のことばを使う。すぐ近くに同じ語が繰り返し出るのを避けて、「度」「返」「たび」と三種類のことばを用いている。できるだけ同じことばが近くに並ばないように気を配るのは、日本語だけではなく広く見られる美意識のようだ。が、こういうのは文章のお化粧の部類に属し、いわば漱石のことばのおしゃれにすぎない。

うれしいときに私たちは、単に「喜ん」だり、「喜悦」を感じたり、「歓喜」したり「狂喜」したり、「愉楽」におののいたり、「うれしがっ」たり、「嬉々」としたり、「愉快」に思ったり、「欣然」としたりする。怒るときには、「立腹」したり「腹を立て」たりするだけでなく、「むっと」したり、「かっと」なったり、「かんかん」になったり、「かっか」したり、「ぷりぷり」したり、「ぷんぷん」したりする。

それぞれにいくらか違った感情を表す。そういう実態に照らしても「喜ぶ」と「怒る」だけでは自分の気持ちを正確に伝えきれないことはすぐわかる。こうなるともはや、化粧やおしゃれの段階の問題としてはすませられない。いつもワンパターンのコミュニケーションにとどまる人は、表現対象をそういうレベルの粗っぽさで雑にとらえているのだ。一見同じような意味のことばも、それぞれ必要な日本語として日本人は大事にしてきたのである。

井上ひさしという作家は文章表現のさまざまな仕掛けをする。『自家製文章読本』の中に次のような手紙文が出てくる。

ますますご繁栄の段、うはうはお喜び申しあげます。

「……の段」という改まった文章に、「うはうは」という俗語の入り込む違和感。同じ本には、「猥褻（わいせつ）ノ文書、図画其他ノ物ヲドンドン頒布若クハジャンジャン販売シ又ハ公然之ヲペロント陳列シタル者」という、それこそ猥雑な法令文も登場する。そうしたことばのレベルの衝突から読者の笑いが起こる。

「あした」も「あす」も「明日（みょうにち）」も指し示すのはまったく同じ日だが、つねにどのことばを使ってもぴったりするわけではない。一語一語、文体的なレベルが異なるからだ。「あした」は「おい、おまえ、あしたつきあえよ」のように日常会話で肩の力を抜いて使うちょっとくだけた感じの語だ。一方、「あす」ということばにはそれよりいくらか改まった感じをともなう。そのため、ごく親しい友人に「あすはあいにく先約があってね」などと答えると、ちょっと取りすました感じになり、冷たい印象を与えかねない。漢語の「明日（みょうにち）」となると、さらに格式張ったかたい感じになり、「明日（みょうにち）必ず伺います」程度で応じないとつりあいがとれない。

いくら程度の高い文章でも、異質なことばをまぜこぜに使ったのでは、モーニングを着て下駄を履いたような、珍妙な感じになってまともに読んでもらえない。それぞれの文体に合わせてことばを選べる言語感覚をみがきあげ、しっくりした表現に仕上げるよう心がけたいものだ。

12 和語と漢語

硬軟おりまぜて

日本語の語彙には和語・漢語・外来語といろいろな種類のことばが含まれているが、その中心をなすのは、やまとことば、すなわち和語である。それらは漢字が入ってくる前からこの国で使われていた日本固有のことばということになっている。一方、漢語と呼ばれるのは、それははるかな昔に入ってきた中国のことば、または、それが二つ結びついてできたことばで、「自然」「航海」など、音読みされる語がそれである。近代以降、外来語の氾濫もあって日本で使われることばの数が飛躍的に増えた。和語は増えにくいため、相対的に和語の割合が減って、現代日本語の語彙構成の中で占める和語の比率は半分を切ったとされている。

電話やメールなどが全盛の時代になっても、手紙をもらうのは楽しみなものだ。読むのはうれしいが、返事を書くほうは厄介で、ついそのまま失礼してしまうこともある。「手紙」でもそうだから、これが「書簡」となるといかにも堅苦しい感じがして、返信をしたためるのはなお気が重い。が、実は手紙も書簡も同じものだから、そういう感じはことばのまやかしにすぎない。こういう錯覚が起こるのは、「手紙」という和語に比べて、「書簡」という漢語は改まった感じが強いからだ。

人間として次第に円熟し、人柄に「つや」を増す人物がいる。年齢とともに芸に「つや」を感じさせる落語家もいる。「つや」が出るから味わい深さを加えるのであり、それを「光沢」と言ってしまってはあじけない。「光沢」と言うと、外表面が強く意識され、オイルを塗りたくって海岸で背中を焼いている若者の裸とか、あるいは年とともに心ならずも頭のてっぺんが光るようなイメージが浮かんでくる。こうなると、和語と漢語の語感の差はますます無視できなくなる。

この一例からも推測できるように、概して漢語より和語のほうが比喩的な意味に広がる傾向がある。「つや」という和語は幅広く使われるが、漢語の「光沢」のほうは物体の表面の反射光という具体的な光をまず連想させるのだ。一方、どちらも陶磁器や漆器の表面に対して使った場合を比較すれば、「つや」より「光沢」のほうが改まった感じが少し強いようだ。

同じ意味用法の場合は、一般に漢語のほうが改まりの程度が大きいのだが、例外もある。たとえば、「もっとも速い」と「いちばん速い」とを比べると、前者の和語のほうがむしろ改まった感じがする。「美しい飾り」と「きれいな飾り」の場合も、和語の「美しい」のほうが、親しい間柄の人間がざっくばらんなおしゃべりの中で使うと水くさい感じがするほど、文章語をまぜたような改まった感じが強く、かえって漢語の「きれい」のほうがくだけた日常会話でむしろ自然な感じがする。しかし、こういう例はあくまで特殊なケースだ。漢語のほうが「いちばん」「きれい」「たぶん」のようにひらがなで書いても不自然でないぐらいに日常生活で使い古されて、漢語特有のいかめしさや冷たさや高級感がすり減ってしまったための例外的な結果なのだろう。

文学作品の中には、和語と漢語との混淆（こんこう）が文章に心地よい緊張と弛緩を与えている例もある。

> 空襲はまたはげしくくりかえされるようになった。暁闇の空に曳光弾が花火のように弧を描き、はげしい空襲の中に、やがて朝焼けに空が焼けて、夜が明けていく日もあるようになった。
>
> ——田宮虎彦『沖縄の手記から』

「暁闇」を「あかつきやみ」と訓読みすれば和語となるが、もし「ぎょうあん」と音読みすれば、「暁闇の空に曳光弾が花火のように弧を描き」という漢語調の響きが、「やがて朝焼けに空が焼けて、夜が明けていく日もあるようになった」という和文調とよく響き合っている。

もう一例あげよう。流麗な古典美を映しだしたとされる谷崎潤一郎『細雪』など、たしかに和語を自在に操って雅びの世界を創出しているが、文面をよく見ると、「悦子の友禅の袂の模様に散りかかる花の風情までが、逝く春を詠歎する心持を工(たく)まずに現わしていた」とか、「海外にまでその美を謳われていると云う名木の桜」とか、「此の花の下に立った時にそう云う感慨に浸ったのであり、そのつど、もう今度こそは此の妹と行を共にする最後であると思ったのに」とか、適度の漢語が、いたずらに抒情に流れるのをひきしめる働きをしていることに気づく。

それでは、和語と漢語、どちらを多用すればいい文章になるかというと、むろん一概には言えない。公文書のような改まった文章と、身内に出す手紙では、当然、両者の使用頻度は大きく違ってくる。要は、相手が違和感を抱くことなく読めるように配慮することだ。リズミカルに読める文章は、硬軟おりまぜて自然に適切な混合比になっているはずである。

感覚の新鮮さがいのち

オノマトペすなわち擬声語・擬態語を利かせて感覚的に伝達しようとする表現方法をレトリックでは「声喩」と言う。ものごとの状態を音の印象に擬して伝える技術であるという意味で「擬態法」と呼ぶこともある。もう少しくわしく見れば、「バタンと倒れる」「雨がザーザー降る」といった音の模写、「てきぱきさばく」「よろよろ歩く」といった動作の模写、それに「ぶらぶら暮らす」「ふわふわの布団」といった状態の模写などが含まれる。

シャベルが勢いよく土中へ潜って行くにつれ、雑草の根の切れて行く感触が、シャベルを握りしめる孝策の掌に、ぷつぷつと伝わってきた。

——柴田翔『立ち盡す明日』

ここでの「ぷつぷつ」は本来、シャベルの先に当たって「雑草の根の切れて行く」音の感じを表したはずだが、それを「感触」と承けたところから、そういう感覚的な生なましさが薄れ、読者には心理的な領域に広がって伝わる。次に、鮮烈な印象を残すオノマトペの傑作を紹介しよう。

屋外は真ッ闇（くら）　闇（くら）の闇（くら）
夜は劫々と更けまする
落下傘奴のノスタルヂアと
ゆあーん　ゆよーん　ゆやゆよん

「幾時代かがありまして／茶色い戦争ありました」と始まるあの中原中也の有名な「サーカス」という詩の結びだ。「サーカス小屋は高い梁（はり）／そこに一つのブランコだ／見えるともないブランコだ」という一連が先行するところから、「ゆあーん　ゆよーん　ゆやゆよん」はそのブランコが大きく揺れる感じをあらわしていることがわかる。このオノマトペは音の形からして独創的だが、その三点セットが一編に三度も使われ、非常に印象深い作品になっている。

往来が狭いし、たえず人通りがあってそのたびに見とがめられているような急（せ）いた気がするし、しようがない、切餅のみかげ石二枚分うちへひっこんでいる玄関へ立った。すぐそこが部屋らしい。云いあいでもないらしいが、ざわざわきんきん、調子を張ったいろんな声が筒抜けてくる。

――幸田文『流れる』

女中志願の主人公が芸者家の戸口で格子戸を開けようとしている場面だ。引用箇所の「ざわざわきんきん」、これも印象に残るオノマトペの逸品だ。「ざわざわ」は「ざわつく」の「ざわ」を重ねたことば、「きんきん」は「きんきん声」の「きんきん」で、それぞれの構成要素はとりたてて独創的だとは言えない。しかし、その既成のオノマトペを部品として組み立てた「ざわざわきんきん」という全体の形はおそらくこの作家が造り出した表現にちがいない。形態が珍しいだけではない。猥雑な雰囲気を端的に描き取り、みごとな働きを見せた表現なのである。

さあっと風が来、ぱら〳〵と榎の枝から葉が離れ散った。ほそい枝も一枚一枚の葉も、暮れのこる空にシルエットだった。かさ〳〵と中空でか地上でか、落葉の音が鳴った。又、さあっと吹いた。押して、又どうっと吹いた。

――幸田文『父――その死』「菅野の記」

比喩表現とオノマトペが新鮮な驚きを喚ぶこの作家の、しゃきっとした文章だ。創作的なオノマトペに思わず目をみはる。「くりっともとの姿勢にかえって」(「みそっかす」)、「わらわらさあっと、お祭の若い衆が乗りこんで来た」(「糞土の墻」)、「暗い小路のさきからとどろとどろと大きな響が伝わってきて、眼のまえのガードの上を国電が通る」(「流れる」)、「浮くようにふわふわと睡くなった」(「雨」)といった創作的なオノマトペは、いたずらに人を驚かすだけではない。いずれも、しなやかな感性のとらえた実感に裏づけられているところを見のがしてはならない。

この種の表現は感覚の新鮮さがいのちである。

適量のさじ加減

酒抜きの祝宴、砂糖の入らないシュークリームを考えてみよう。想像しただけでも味けない。人生はもちろん、文章にも味わいを求めたい。形容詞や副詞などの修飾語を文章の調味料にたとえた批評家がいる。アルコールのようなものだと考える人もいるだろう。摂取しなくても死にはしないが、何とも味けない。

ふつうの「自動車」と「おんぼろの自動車」はむろん違う。修飾語だらけで文意がすっと伝わらない文章は困るが、修飾語をみな省いてしまっては、文章に風味を出すことがむずかしい。要は、それをどれほど効果的に使えるかが勝負なのだ。それでは、どの程度の量の修飾が適当なのだろうか。適量のさじ加減を一般的なルールとして決めることはできない。必要な修飾なら長くなってもいいし、むだな修飾ならどんなに短くてもむだなのだ。ただ、どういう修飾なら意味があり、どんな修飾が無意味かという点についてなら、いくらか言えることもある。

「シルクハットで白髪頭を覆い、耳たぶが厚く眉が薄く目が切れ長で鼻筋が通り、唇がめくれて無精ひげを生やした四角い顔の、ほっそりとした貧相な中年男」などと平気で書く人がいる。ここでは「シルクハット……貧相な」という長々とした形容が「中年男」を修飾している。修飾部分が長いから文が重い感じになるというだけの問題ではない。日本語の構造からいって、骨格をなす「中年男」という名詞に至るまで読者には何の説明なのかわからず、いらいらが募る。それだけの修飾に値するほどの魅力的な人物であれば仕方がないが、それを長い連体修飾でまかなおうとするのはもともと無理がある。文章構成としては「こんな中年男がいた」とでもいう文をまず書いて、それから説明に入るのが穏当だろう。一つの文にいろいろな内容を詰め込もうとすると、先を急ぐあまり、前に書いた修飾部分をうかつにも忘れてしまい、結果として、どこにかかるのかわからない宙ぶらりんの修飾語が現れることもある。

修飾語がどこにかかるかで意味が違ってくる文章にも手こずる。「このあいだ結婚した甘木氏の兄」などはその典型だ。結婚したのが「甘木氏」なのか「その兄」なのか、これだけでは判断のしようがない。「甘木氏」が結婚したのなら、このままでも自然だし、「このあいだ結婚した甘木氏のその兄」とすれば明確になる。「兄」のほうが結婚した場合は少し面倒だ。「甘木氏のこのあいだ結婚した兄」でもいいように見えるが、それだと「何人かいる兄のうちの一人」という原文では明確でなかった意味合いが強く出てくる。ここは少しくどくなるが、「このあいだ甘木氏の兄が結婚したが、その方は……」と展開したほうが正確な情報が伝わるだろう。

ただし、読者にとって、一文ずつこんな推理をやらされたのではたまらない。大切なのは、文章全体として正しく伝えることである。あらゆる箇所を正確に伝えようとして、あまりにかたくなに書きすぎると、文章ががちがちに固まってしまう。むしろ、全体が正確に伝わりさえすれば、部分的には少しぐらいあいまいでもいいというぐらいの余裕ある心構えで書きたい。

本多勝一の『わかりやすい文章のために』という本では、いくつかの修飾語を配列する際の順序について四つの原則を次の順序で並べ、詳細な説明を加えている。

基本的なのは、「古色蒼然とした透明な青いコップ」というふうに、修飾部分の長いほうを先に述べるという原則だ。次に重要なのは、「上司のくれた古色蒼然とした透明なコップ」のように、句や連文節を先に出す法則だという。三番目が「日本列島の上空に花子の放った風船が小さな点となって消えていった」と、大きな状況のほうを先に出すという原則である。もう一つが「初夏のみどりがもえる夕日に」と書いて「みどりがもえる」のようなじみの深い組み合わせが偶然並んで誤解を招くのを嫌い、「もえる夕日に初夏のみどりが照り映えた」とする、いわば親和度を考慮に入れるという原則である。いずれもわかりやすさを基準にしたルールだ。

ただし、文学的な効果をねらう場合はもうひとくふうあってしかるべきである。そういう意味で、次の二例で作家たちの感覚がとらえた修飾部の構成を吟味してみよう。

湯上りの薄く化粧した白い顔

——田山花袋『田舎教師』

こちらを見る眼つきに、齢と風体に似ぬ剽悍（ひょうかん）で捨鉢めいたような色がただよってい
た。

——藤枝静男『壜の中の水』

15

並列

両輪をバランスよく

「旅行やコロッケが大好きだ」という文がしっくりしないのは、文法や語彙に問題があるからではなく、「旅行」と「コロッケ」という並列に違和感があるからだろう。「旅行」が「大好き」なのは、それを行うことであり、「コロッケ」が「大好き」なのは、それを食べることであって、趣味と好物という異質なものを一緒に括ったからである。

「切手とはがきを買った」という文ならば、バランスがとれていてそういう問題はまったくない。しかし、もしも郵便局の窓口でただ「切手とはがきをください」とだけ言ったら、どうだろう。おそらく局員は片づかない顔で次のことばを待つだろう。単なる切手などというものはないからだ。そこで「八〇円切手一枚とはがきをください」などと言う。すると、多分「一枚ずつですね」と念を押すだろう。何枚と特にことわらないときは、通常一枚を意味するからだ。

車や洗濯機なら一度にたくさん買うことはないから、数を言うほうがかえって不自然だが、はがきの場合は一枚だけというほうが珍しい。花束とは違って勝手に見つくろうわけにはいかないから、一方だけ数を示すこういうアンバランスな言い方は相手を困らせる。並列するものの扱いにバランスをとって、「八〇円切手一枚とはがきを一枚」、あるいは「八〇円切手とはがきを一枚ずつ」というふうに、両方とも数をはっきりことわる明確さが求められる。要は両輪をバランスよく並べることだ。

このようなバランス感覚の欠如のほかに、並列の一方が脱落する不整表現もよく見られる。たとえば、「学校で友達に相談したり、アドバイスを受けたことなどを日記に書く」というのはどうだろう。ちょっと気がつきにくいが、厳密に見れば、「相談したり」と対をなす「たり」が後半部分に欠落してアンバランスになっていることがわかる。書く側の気持ちでは、「アドバイスを受けたこと」のあとに「など」をつけることでバランスをとったつもりかもしれない。

「野原を駆けまわったり、のびのびと育った」のように、典型的な例を一つだけ示してそれで代表させる用法もないわけではないが、その場合も「駆けまわったりして」とするのが正常な形であり、一般の並列とは若干異なる。「そんなことを言ってみたりした」というふうに断定の感じをゆるめてぼかす用法もあり、その場合も「たり」が一つだけ現れるが、これも気持ちとしては、いくつかの潜在することのうちから「そんなことを言う」の部分だけをことばに出したという構造なのかもしれない。表現に濃淡をつけるという点では、このぼかしの「たり」も前述の不整表現の例と通じる。だが、並列として用いるのであれば、「アドバイスを受けたりしたこと」というように、「たり」をきちんとくりかえすほうが整った感じになる。

「そういう意見を述べようものなら、不見識な男だとか、へそ曲がりで協調性に欠けた人間だと非難されそうだ」というのも正確に並列されていない点で類例だ。対になっている一方がこんなふうに長くなると、もう一方の「とか」をうっかり忘れる傾向がある。ここも「協調性に欠けた人間だとかと」としたほうがバランスがいい。なお、「AとかBとかいう」という言い方がよく聞かれるが、正式には「AとかBとかという」とすべきだろう。「AとBを」とせず、「AとBとを」と書きたくなるほどの硬い文章の場合は、できるだけ「AとかBとかという」と書くようにしていても、ついうっかり書き忘れることも多い。こちらは忘れても実用上さしつかえないが、「AとBとを」を「AとBを」で間に合わせると、考えてもみないあいまいさが生じ、あとで困ることもある。

「五〇〇〇万円の貯金と持ち株の半分を贈与する」という夢みたいな申し出があったとする。その場合、実際にいくら自分の手に入るのか、「と」を省き「持ち株の半分を」ですませたこの表現ではそこがはっきりしないのだ。楽観的な人は五〇〇〇万円全部と、持ち株の半分とをあてにするだろう。悲観主義者は、合わせて五〇〇〇万円分になる貯金と株とのその半分、すなわち全体で二五〇〇万円しか期待しないだろう。どちらとも違って、貯金の半分である二五〇〇万円のほか、持ち株の半分をもらえると考える中間的な人もあるはずだ。

解釈が分かれてしまうのは、何と何とが並列されているのかという文構造がはっきりしないせいである。それぞれ「五〇〇〇万円の貯金全部と持ち株の半分と」「貯金と持ち株の総計五〇〇〇万円の半分」「五〇〇〇万円の貯金の半分と持ち株の半分と」と書いてあれば意味が紛れることがなく、無用な争いごとが起こることもない。そういう杓子定規な表現でうるおいに欠けるというのなら、せめて「貯金と持ち株の半分」の箇所を「貯金と持ち株との半分」と書きたい。そうすれば、文意がここまで拡散せず、諸説入り乱れることもなくすんだはずである。

文を構成する要素の文法的な形が崩れているときも落ち着かない。「切手集めや本を読んだりしてのんびり暮らした」という文では、名詞と動詞が並列の形になり、均衡が破れている。無神経な文章を書いていると、頭の中まで雑然としている印象を与えかねない。「切手集めや読書をして」と名詞でそろえるか、「切手を集めたり本を読んだりして」と動詞でそろえるか、どちらかに統一する。すっきりした文章に仕上げるには、そういう表現のバランス感覚が大切である。

「何の挨拶もしなかったら、おそらく失礼な態度だと怒り出すかもしれない」といった文にときおり出会う。文構造がひどく乱れているわけではないが、文中のことばがこんなふうにきちんと呼応していないと、読んでも情報がすんなり頭に入ってこない。言いたいことは一応わかるから、これでも通じないことはないが、「おそらく」ということばが来たら、文末は「怒り出すだろう」と応ずるほうが素直だ。

文のつじつまを合わせるだけなら、「おそらく」一語を消すだけでもなんとか通る。だが、問題はそう単純ではない。「おそらく……だろう」と「かもしれない」とでは、可能性の度合いに差があるからだ。書き手はその場合の自分の気持ちに応じて最適の表現を選ぶ。「かもしれない」という程度の確率でしか信じていないのなら、「あるいは」や「もしかすると」といったことばを前に出して、あらかじめ文意の方向を知らせるのが、読む者に対する親切な配慮というものだろう。

16

打つも打たぬも思いやり

句読点とは「句点」と「読点」の総称で、「文の区切りのマルやテンのこと」くらいのことはだれでも知っていよう。でも、マルとテン、さてどちらが句点か、となると迷ってしまう人もいる。「。」が句点、「、」が読点である。

句、つまり、いくつかの単語が連なって一つのまとまった意味をもつ文が完結したことを示すために打つのが句点である。文が終わるとはどういうことかという問題については、個々の書き手の趣味あるいは主義のようなものもあって、「文の終わりに打つ」ということ以外の明確な定義は見つけにくい。一方、読点は、「読みを助けるために打つ」ということになる。

基本ルールさえ知ってしまえば、さしてむずかしい話ではない。句読点の話はこれで終わってしまいそうなものだが、実際の運用にあたっては、ことに読点にはいろいろ微妙で複雑な問題もあって話はなかなか終わらない。

読みを助けるためだから、どういう条件で、どこに読点を打つかとなると、句点のように一言で片づけるわけにはいかない。句点の場合の文末に相当する明快な基準点がないのである。

芥川龍之介の『手巾（ハンケチ）』の中の一文を読点抜きで示すと、こうなる。

その時先生の眼には偶然婦人の膝が見えた。

これでもそれほど読みにくいということはない。だが、読点をつけたほうが読みやすくなる。もし読点を二つつけるとすれば、たいていの人は、まず「その時」のあとに打ち、もう一つを「眼には」のあとに打つだろう。二番目の読点を「偶然」のあとに打つ人もいるかもしれない。

どうしてこんな予想ができるのだろうか。読点というのは、鉄則がはっきりしていないのは事実だが、といって、どこに打ってもいいわけではないからだ。原文では次のように読点を三ヵ所に用いている。

その時、先生の眼には、偶然、婦人の膝が見えた。

読点の位置がだいたい予想どおりだったのは、むろん、内緒であらかじめ読んでおいたからだが、一方、芥川が常識的な線で読点を打っているからでもある。

たった一つの点のせいで、とんでもない読み違いをされることもある。後悔する前に、読点を打つ慣用的なルールをひととおり身につけておきたい。

①文の主題を示す部分が長くなったら、そのあとに打つ。例「このルールをうのみにすることは、思いがけないときにとんだ恥をかく危険をはらむ」
②文の中止するところに打つ。例「相手はさっと顔色を変え、はだしで外へ飛び出した」
③並列になっている語句の切れ目に打つ。例「まんまるな顔、でっぷりとした体」
④条件や理由を説明して意味を限定する語句のあとに打つ。例「もし親に見つかったら、……」「弁解してもむだなので、……」
⑤途中のいくつかのことばを隔てて修飾する語句のあとに打つ。例「こっそり、隣の弁当と取り替える」
⑥接続詞やその働きをする連語のあとに打つ。例「しかし、勝負はこれからだ」
⑦感動詞のあとに打つ。例「やあ、元気かい」
⑧提示したことばのあとに打つ。例「監督の使命、それは選手にやる気を起こさせることだ」
⑨修飾部分が長く続く場合、大きな切れ目に打つ。例「去年の夏の避暑地で安く買った、

濃い茶色の冬物の革製の鳥打ち帽」
⑩文の成分を倒置した場合、その間に打つ。例「そうっと振り返った、いくらなんでももう見送ってはいないだろうと思いながら」
⑪文の途中に主部を置いた場合、その前に打つ。例「ぼけがひどくなった老後のことを、私は一晩中考え続けた」
⑫助詞を省略した箇所に打つ。例「若いときの写真、一枚貸してください」
⑬読みの間を示すところに打つ。例「ほ、ほ、ほと声をたてて笑った」（瀬戸内寂聴『わたしの樋口一葉』）
⑭リズムを強調したい場合、五音なり七音なりの切れ目に打つ。例「ちょいと出ました、三角野郎が、四角四面の、櫓（やぐら）の上で」
⑮ことばや考えなどの引用の範囲を明確にするために打つ。例「それでは約束が違う、と言い返す」
⑯仮名が続きすぎて読みにくい場合に必要に応じて打つ。例「ひとりひとりがみな、ほんとにしあわせになるよう、ともにあゆんでいきたい」
⑰文意を明確にするために打つ。例「先生は、あくびをしながら勉強している生徒をぼうっと眺めている」または「先生はあくびをしながら、勉強している生徒をぼうっと眺めている」

文章を書く現場では、ほかにもまだ、いろいろなルールが働いているだろう。が、どのルールも、文章を読み書きする人間のためにある。大事なのは、書きやすく読みやすいようにルールを活用することだ。句読点の原則を丸覚えする必要はない。書き手はそれをあくまで一つのめやすとして、読み手ができるだけ楽に、文章を正確に理解できるように、それぞれのケースに合わせて工夫するとよい。

文章の作法といい表現の技術といっても、要は相手へのいたわりであり、すべては人の優しさという一点にたどり着く。句読点を打つのも打たないのも思いやりなのである。

使いすぎは品格をおとす

文字が書けて、句読点の打ち方の要領がわかれば、それなりに文章めいたものは書ける。文章の形式を構成するものに、句読点のほかにもさまざまな記号があるが、あまり各種の記号を使いすぎると、見ためがにぎやかになるだけ落ち着きがなくなり、品格をそこなうこともある。そういうマイナス効果もないではない。が、一方、いくつかの記号を適度に使って効果が上がる例のあることも確かだ。どういう場合に、どの記号が有効に利用できるかを頭に入れておき、必要な箇所にそれを活用したい。

「　」（かぎ括弧）　会話や思考内容を地の文と区別する際に、その範囲をこの記号で包んで示す。声になった会話だけに「　」を用い、思考内容には（　）を用いて区別する場合もある。

「なァんだ、歌なんかうたってるじゃないか」ミツはわざと呆れたように声に出して自分に言い、ニヤリと笑った。　　　——網野菊『風呂敷』

会話でなく、他人の文章の一部を短く引用する場合も「　」を使う。ただし、引用部分が長くなるときなど、改行してその部分を独立させるときは、会話とは違って「　」には入れず、二字ほど下げて、むき出しで提示するのが通例である。

また、特別に注意を促すことばや強調したいことばを目立たせるための使い方もある。

「お父さんのカレー」は肉も多く色が濃かった。

——向田邦子『昔カレー』

『　』（二重かぎ）　会話の中に別の人の会話をそのまま取り込む場合に、中に入るほうをこの記号で包む。

「そうしたら彼が、『今日あたりＵＦＯが出るかもしれない』ってぽそっと言ったんだ」

——池澤夏樹『眠る人々』

『　』は目立ちすぎるし、会話の引用としては重い感じがして大げさすぎる場合は、この記号を使わなくてすむよう、引用のしかた自体を工夫する。引用中の引用にさらに引用が含まれたりすると、この記号でも処理できない。そうなるのは文章のほうに問題があるからではないか。引用中の引用というような構造にならないよう、わかりやすい表現を追い求めることが大事なのだ。

書名の場合は『　』を用いて『ゲーテ詩集』というふうに書くのが普通だ。雑誌の場合も『文藝春秋』などと書くことが多い。新聞の場合はそこまで大げさに扱わない。綴じていないせいか、せいぜい「日本経済新聞」とするくらいで、単に、毎日新聞、などと書く例も多い。

通常、『坊っちゃん』はある出版社からそういう書名で出版された本を意味し、「坊っちゃん」と書くと、その中に収録されている夏目漱石の同題の小説をさすことが多い。

（ ）（パーレン）　文の途中で、あることばやその内容に関して説明を加えたい場合、その直後に説明を挿入する際に使う。説明といっても性格はいろいろだ。

いつでも下野（官職を辞し、民間に下ること）する覚悟はできている。

自然破壊ひいては社会的公害（大気汚染、河川の汚濁、地盤沈下など）をもたらす。

ホワイトヘッド（Alfred North Whitehead 1861-1947）は数学者であり哲学者である。

生まれ故郷の金沢でこの作家（室生犀星）は堀辰雄に宛てて一枚の絵はがきを出した。

内田百閒（百鬼園）は自分の文章を読んで面白かったと言われるのを嫌ったらしい。

このような例では誤解されることは少ないが、「標高（海抜）」「低木（灌木）」「送り手（書き手）」「話し手（書き手）」「中村（久保田）妙子」のように、知識がないと両者の関係が理解できない例も出てくる。つまり、（ ）内はヒントにすぎず、多様な関係となる。できるだけ（ ）を使わないで書く工夫をすることが先決だ。

――（ダッシュ） 用法としてまずあげられるのは、「外国語――英語、中国語など」のように補足説明を加えたり、「学生――大学院生を含む――は理事会の方針に強く反対する」のように一文中に説明を挿入する場合だ。このほかにも、ある言葉を換言してそのまま文を展開する用法、テーマなどを提示する用法、引用句を承けて文を起こす用法など、いろいろなニュアンスを表せる便利な記号だ。

使い古してくたびれた布地を、真白にしたい、とは思わない。齢をとっているのに、一本の皺もない顔をみるような気がして――なんとなく、薄気味がわるい。

――沢村貞子『私の台所』

このダッシュはどういう働きをしているのだろう。ふつうは読点を書くところだろうし、そのほうが自然な感じだ。しかし、この筆者には、読点ですませたくない何らかの気持ちがあったのだろう。それは考える時間とでもいうものであったかもしれない。このように「間（ま）」をつくり出すダッシュを指摘しておきたい。

ダッシュと似た記号に……（リーダー）があり、これも表現の間をつくって抒情的な雰囲気をかもし出すのが第一の用法だ。

……ぼくは書物の群のなかにひとり佇んでいた。

――北杜夫『幽霊』

こんなふうに文頭に置かれると、すぐには語りだせずにためらっているような気配を感じる。

ぐびりとやっては、丼のイカをソバかウドンのようにずるずるっとすする。鼻の奥に、磯の香が籠る……。

――三浦哲郎『茶碗酒』

千切りにしたイカに醬油をざぶざぶかけた酒の肴のえもいわれぬ味を楽しみ、いかにもうっとりと雰囲気にひたっている感じが伝わってくる。こんなふうに文末に使われると、ダッシュを使ったとき以上に余韻を感じさせるともいう。それが一編の作品の末尾ともなればなおさらだ。

ただ、そういう表現をあまり使いすぎると、未練がましい感じがして、かえって嫌われる。小手先の技術で安易に余情を出そうとする文章は好まない。効果的な手段だからこそ、よくよく選んで使いたい。

リーダーの第二の用法として、沈黙を表示する機能がある。

「何も持ってないただの男じゃないの。それなのに……」

——山田詠美『ベッドタイムアイズ』

「それなのに」の後のリーダーによる無言の表示がふくみを感じさせているのがわかるだろう。

他方、まったくふくみなど持たない単なる「以下省略」というだけの意味で使われることもあるので、そのへんの区別がむずかしい。

その他の記号として、・(**ナカグロ**または**中点**)がある。この記号は、単純な名詞の列挙や外国語の単語の切れ目、外国人の姓と名を区切るときなどに使われる。最近よく使われるようになった記号で、読点に比べると機能的でうるおいに欠け、いささか事務的な感じがある点、文学的な随筆などには向かないようだ。

最近では、**疑問符**（?）や**感嘆符**（!）を使う例も増えてきた。「行く?」などはたしかにこの記号を使わないと疑問であること自体がわからないが、どうしても必要な場合というのはあまり多くない。だいたい、感動を感嘆符なんかで表そうなどと安易に考えるようではどうせろくな文章にならない。伝統的な日本語の文章には用いなかった欧文の記号だから、正式の文書や改まった文章には使用を控えたほうが無難だろう。

多種多様な記号をちりばめると文章の字面はにぎやかになり、人目をひくが、やたらに使いすぎると落ち着きがなくなる。使いすぎて品格が落ちることは避けたい。

18

漢字・ひらがな・カタカナ

文字に思想をこめて

日本語は漢字とひらがなとカタカナという三種類の文字を使って書き表すことになっている。

漢語はまず、ふつう「種類」「原則」のように漢字で書く。

和語はもともとの日本語だから、かなで書いても意味がわかるはずだが、なかには意味のとりにくいこともある。たとえば、「め」と書いたのでは「目」だか「芽」だかすぐにわからないし、「めがでている」と書いてもまだどちらともとれる。「はな」も「花」か「鼻」かと迷うこともある。「花より団子」「団子鼻」とどちらも団子に縁があるが、まちがえたら意味が通らず、生活も危うい。

そのため、和語はことばや状況に応じて漢字で書き分ける。その結果、ひらがなまたは漢字、あるいは漢字ひらがな交じりで、「はっきり」「橋」「ほろ苦い」というふうに書く。

外来語は「クッキー」「テーブル」のようにカタカナで書くのが大原則だ。ただ、遠い昔から長く使ってきて今では日本語のように感じられる「てんぷら」「たばこ」など、ひらがなで書いたほうが落ち着く若干の例外もある。

「華燭の典」の「燭」は今でも表外字だが、「華しょくの典」と交ぜ書きしたのでは、華やかなともしびという意味がわかりにくく、式の華やかさが伝わらないから、表外字が含まれていても、従来どおり「華燭の典」と書きたい。以前は「真摯」や「緻密」も「真し」「ち密」などと、やむなく意味のわかりにくい表記が見られたが、常用漢字の改訂により今ではそんな気兼ねが不要になった。一般に、交ぜ書きは評判が悪く、作家訪問の折、吉行淳之介などは「美的にも実用的にも悪い」し、「大変不愉快」で、「絶対許せない」と憤った。まったく同感である。「華燭」をもし「カショク」と書いたりすれば、「過食」と勘違いされかねない。交ぜ書きするくらいなら、いっそ「婚礼」とか「結婚式」とかと易しい語に換言したほうが無難だ。華やかな雰囲気を伝えたければ、常用漢字に気兼ねすることなく、本来の「華燭の典」をそのまま用いるのが筋である。

以上が、漢字、ひらがな、カタカナの使い方の原則である。しかし、あえてこの原則からはずれる表記で、ある種の効果を狙う作家もある。小島信夫や安岡章太郎にはそういう試みが見られる。まずは小島信夫の実例を示そう。

僕の歯の痛みにしろ、心のすみのウズキにしろ、トキ子の日常的な姿を見ると、とたんにこんなぐあいに自分でもおどろくほどよみがえってくる。　　――『馬』

山田はひとりキゼンと立っていた。

——『アメリカン・スクール』

柔道と戦犯的人物とは何のかんけいもない、そのしょうこに自分は今、レッキとした県庁の、それも学務部の指導課にいることでも分る、と云った。

——同前

「ウズキ」のように和語がカタカナ書きされ、「キゼン」「かんけい」「しょうこ」のように漢語でさえ、カタカナやひらがなで書いてある。こうなると、奇妙なことに、記号のはずの文字に思想がこもる。

このほかにも小島信夫の特に初期の作品では、「賛嘆」を「さんたん」、「感激」を「かんげき」と漢語をひらがなで書く例のほか、「人げん」や「不ほんい」のような奇妙な交ぜ書きも目立つ。漢語に対する不信感だけでなく、「ある権威に対する抵抗の姿勢みたいなものもあった」とインタビューの折に作者自身は言ったが、確かに権威ある対象を弱者の立場から揶揄する効果が、違和感をぶちこむこれらの表記にはあるのかもしれない。

特にカタカナの魔術として定評あるのが安岡章太郎である。初期の作品『驢馬の声』を開けてみても、この短編の中に「ドナられた瞬間」「口をモグモグさせると」「カンカン日の当るゴミ棄て場」「食いのこしたオカズか飯が入っていた」「グニャグニャした毛織物の外套を箱のようにピンと巻きつける」「考えるヒマなどあり得るはずがない」「冷いシズクを頭の皮にたらしていたアルミニュームのドンブリ」「驢馬のイナナキに似た発声法」「布というよりヒモのように細いものか、アミのように弱そうなものばかり」「毛布の方から加介の尻に意固地な女のふかなさけのようにブラ下ってきた」といった異例のカタカナ表記が続出する。

この作家の作品には、ほかにも「マゴつかされる」「ムツかしい」「イキナリ」「マトマリのない」「アキラメ」「イラ立たしいワメくような声」といった例外的な表記例が頻出する。

ここに取り上げた二人の作家以外にも、独特の表記を得意とする作家はいる。しかし、こうした作家にとって表記は単なる表層の問題ではない。作品のねらいに合わせた表現態度の問題であり、文体の問題なのだ。素人が安易にマネすれば逆効果になることは言うまでもない。

ニュアンスを書き分ける

「編輯者(へんしゅう)」をしていた吉行淳之介は、漢字制限から「編集者」と書かれるようになったとき、自分の職業が変わったような気がしたとインタビューの際に語った。このような代用漢字をどこまで認めるかは個人の好みの問題もあって、どこまでならいいという明確な一線を決めにくい。しかし、相手の神経にさわるような書き方は避けるべきだろう。「叛乱」を「反乱」、「智慧」を「知恵」、「短篇」を「短編」とするくらいならもう違和感がないが、「日蝕」を「日食」、「讃美歌」を「賛美歌」、「両棲類」を「両生類」と書いてあるのを目にすると、まだ若干の抵抗感がある。節操もなく代用漢字を使いすぎると、文章が安っぽくなる。

読みが同じで、意味もほとんど同じようなことばもある。「傷める」と「痛める」、「磨く」と「研く」、「支度」と「仕度」、「畑」と「畠」などの組み合わせがそうだ。「穏和」と「温和」、「乱用」と「濫用」あたりは微妙に違う感じもするが、気にしなければそれですむ。

しかし、ことばの意味や用法によって使い分ける傾向のある組み合わせの場合は、きちんと対応しなければならない。「技術を習得する」と「必要単位を修得する」、「易しい問題」

と「優しい人」とを取り違えてはいけないのである。

このあたりはそれぞれ別のことばだから別の漢字で書き分けるのが当然だが、同じことばでも意味や用法によって別々の漢字を使う場合が少なくない。「足」は足首から先の部分、「脚」は腿と脛の部分という区別が広く行われているが、「足」がその脚部全体を指す一般的な表記ともなっているため、「大きなあし」はもちろん、「あしを引っ張る」などの慣用句を含めて、ほとんどの場合、「足」と書いておけば無難だ。が、細長い脚部を意識して「脚が長い」などと書き分ける場合もある。また、「机のあし」というふうに物を支える部分を指す場合は「脚」を使うのが普通だが、これも絶対ではなく、将棋盤のようにその部分が短ければ「足」と書いても差し支えない。

こんなふうに、二つの漢字を書き分けるだけでも微妙なものがあるのに、三つ以上の漢字が複雑に絡み合う組み合わせもあって、けっこう厄介な場合が少なくない。「アウ」という動詞を例に挙げよう。そのうちわりに単純なのは、「タイミング」や「答え」や「気」や「呼吸」や「焦点」などが「あう」というときの「合う」と書く用字だ。このように「合致する」「適合する」「ぴったりする」といった意味合いで使う場合、通例、「合」という漢字をあてる。

また、「木曜日に人にあう約束だ」のような〈面会〉のときは「会う」と書き、「駅でばったりあう」のような〈出会う〉意の場合、特に、「公園で恋人とあう」のような〈密会する〉という意味になると、表外字でも「逢う」を使ったほうがぴったりする。一方、「とんだ目にあう」「いじわるな質問にあう」、あるいは「地震」や「詐欺事件」といった〈被害〉に近い好ましくない事態に「あう」場合は、表外訓の「遇う」を使わなければ一般に「遭う」と書く傾向がある。

ある対象に出会うときの「あう」という限られた意味をもった一つの動詞でも、出会う相手や状況などのニュアンスの違いに応じて、いくつもの漢字と微妙に結びついている例である。

もちろん「あう」の例は、漢字の書き分けのほんの一例にすぎない。「目がさめる」「眠けがさめる」「深い眠りからさめる」のような〈目が開く〉意の「さめる」は「覚める」と書く。「心の迷いがさめる」のように抽象化した比喩的用法でも「覚める」で間に合う。しかし、「酔いがさめる」「麻酔からさめる」のように、ある状態が〈消える〉という意味になると、表外訓の「醒」を使って区別することがある。「興がさめる」のように少し抽象化した用法でも同じだ。

さらに、「色がさめる」のように〈薄くなる〉〈あせる〉という意味ではかな書きがふつうで、もし漢字で書くとすれば「褪せる」の「褪」という表外字を使って「褪める」と書く傾向がある。「スープがさめる」「ふろがさめる」のように〈冷える〉〈ぬるくなる〉という意味の「さめる」はむろん「冷める」と書く。「ほとぼりがさめる」「興奮さめやらず」のように抽象化しても同じだが、〈消える〉〈薄くなる〉意と意味が連続し、境界線がぼやけてくる。

この例に限らず、自分でも基準が揺れることがある。用字でおしゃれをすることはないが、ニュアンスを書き分ける忠実さは必要だ。そういう際の拠りどころとして、標準表記を階層的に示した『文章プロのための 日本語表現活用辞典』（一九九六年　明治書院）という本をまとめた。これが他人の本なら、困ったときにはぜひ同書を参照されたいと書くところだが、自分の著書だから宣伝は一切差し控える。

調理の腕で素材が生きる

いい文章とは、巧みなことばで読み手を操る文章ではない。大切なのは何が書いてあるかだ。この場合の「何」にあたるのが、文章の中身すなわち内容である。一般に「内容」ということばで呼ばれるこの「何」には、大きく分けて三つの異なった側面が含まれていると考えられる。

一つは、その文章でとりあげる話のトピックであり、「話題」と呼んでおく。この話題として何を選ぶかが、文章の成否に関する最初の鍵となる。どれほど崇高な主題を抱いていても、この話題がふさわしくなければ、そのテーマを有効に展開させることはできない。

内容の第二の側面はもちろんテーマ、すなわち「主題」である。ここで主題と呼ぶのは、その話題に関してその文章で自分が表現したい中心的な内容をさす。たとえば「海」なら「海」という題目で文章を書く場合、その「海」というのはトピックに相当し、これから執筆する文章のテーマや題材の方向を決める。文章の主題というのは、それ自体ではない。世界における海の分布のしかただとか、この地球上に海が誕生した科学ドラマだとか、今に至

るまではっきりと心に残る幼き日の海の思い出だとか、自分が「海」について述べようとする具体的な事柄の核心部分のことを言うのである。

内容というものの第三の側面は、テーマを効果的に伝える目的でどういう材料を集め、それをどういう形にしぼりこむかという「題材」の取捨選択である。説得力のある文章を書くためには、その主張を裏付ける材料をそろえて具体的に論じることが必要だ。といって、集めた材料をろくに吟味もせずにむやみに突っ込んだ文章は、たいていごてごてする。一流の料理人と似て、新鮮ないい材料だけを適量だけ使い、あとは思い切って捨て去るのがコツだという。いい文章を書くには、そういう潔さが必要なのである。実際、ほんとうにすぐれた文章では材料の九割を捨て去るというのも、あながち誇張とばかりは言えないかもしれない。調理の腕で素材は生きるのだ。

ここまでが文章の構想の骨格部分だ。ここまでのところでどこか納得できない点がある間は文章を書き始めるべきではない。この段階で失敗すれば、もう小手先では修復不能だからだ。

構想の骨組みが固まったら、次にそれを現実にひとつの文章として実現するための具体的な方法を検討する。ここが「構想を練る」と言われる段階の思考作業である。ここでは特に、題材をどう並べるか、文章をどのような形で構成するかといった文章展開の面における問題をとりあげよう。この段階で手を抜いて漫然と書き始めると、自分の述べたいことが相手にきちんと伝わらない文章に仕上がる恐れがある。また、途中で混乱していることに気づき、あれこれ悩んだあげく、はじめから書き直す結果になることもある。

文章の構成の問題を考えるとき、すぐ頭に浮かんでくるのは「起承転結」という四部構成である。そしてその説明に際してしばしば例に引かれるのが、頼山陽の作と言われるこんな俗謡だ。

大坂本町糸屋の娘
姉は十六妹は十五
諸国大名は弓矢で殺す
糸屋の娘は目で殺す

その文章で自分がこれから述べようとする主要な事柄を提示する書き起こしのところが起承転結の「起」の部分である。この作品では、最初の一行がそれに相当し、「大坂の本町にある糸屋の娘たち」をとりあげ、話題の中心にすえている。次に、そこに提示された話題をうけてそれを説明したり補足したりして肉づけしながら話を進めるのが「承」の部分であり、この例では糸屋の若い姉妹の年齢について述べた二行目がそれにあたる。それまでの話の流れを一度中断し、話題を一転して内容に変化をつけるのが「転」の部分である。ここでは三行目がそれに相当し、糸屋の娘と一見何のつながりもなさそうな大名の物騒な話に突然転じている。そして、それらを相互に関連づけて全体のまとまりをつけながら一編を結ぶのが「結」の部分である。この例では最終行がそれにあたり、まるで無関係に見える大名と糸屋の娘とを、「悩殺」という観念を利用し、「殺す」という一点であざやかに結びつけて全体をまとめている。

文章は読み手に最終的に通じさえすればいいというものではない。将棋では同じ駒を動かすにも、そのタイミングと手順次第で勝敗が分かれる。文章でも同じだ。同じことを述べるにも、その順序が大切で、それが結局、文章全体の成否に大きくかかわることを知っておきたい。

起承転結という四段構成と並んでよくとりあげられるものに、「序破急」という三部構成がある。事件を叙述する物語などで、発端・経過・結末と呼んでいるのも同じだ。論文では序論・本論・結論となり、論理的な文章の基本的な型となっている。

小論文など自分の意見を主張する文章でも大筋は共通する。問題提起をおこない、その文章で何について述べるつもりなのかを明らかにする部分が「序論」である。そこでは、その問題をとりあげた動機や目的、そのことを論じる意義やその背景にある考え方、あるいは今後の展望などを簡潔に述べることになる。序論で提起した問題について本格的な考察を加え、実際に論を展開する中心部分が「本論」である。そこではまず、問題を明確に規定したうえで、その論拠を示し、できるだけ具体的な例を用いて自分の考えをくわしく説明する。スペースに余裕があれば、豊富な資料を駆使したり、他人の意見を引いて補強したり、時には、それと反対の考え方を引き合いに出してその問題点を批判したりすることも有効に働くだろう。最後に論旨をまとめ、自分の主張やその文章を執筆した意図を強調してしめくくるのが「結論」の部分である。

こういう三部構成をとった場合、それぞれにどのぐらいの量を割りあてるのが適当だろうか。そこであつかう問題の種類や結論の性格などによって一概にはきめられないが、序論を二割、本論を七割程度とし、結論は一割ほどで簡潔に結ぶのが、すっきりした文章の標準的な構成である。

今度は、文章の内容面を考慮し、具体的にどのように配列すればいいのか見ていくことにしよう。森岡健二『文章構成法』では、材料の配列に関するいくつかの型を指摘している。私見を交えながらその要点を紹介する。まずはもっとも自然で単純な展開である時間的順序、空間的順序による配列を見てみよう。一連の出来事をひとこまごとに短く区切り、それを起こった順に少しずつ述べるのが時間的順序に沿った配列である。歴史、物語、行動記録、あるいは、方法の解説や物のつくり方の説明などに効果のある自然な展開だ。が、それだけに平板でめりはりがつきにくく、印象が薄くなる傾向がある。そのため、すぐに細部に入らず、最初に全体の見通しをつけてから個々の記述に移るといった工夫も必要だ。

一方、視覚的にとらえた対象を整理するには、左から右へ、下から上へ、後ろから前へ、内から外へというように、われわれはごく自然にそのような何らかの基準で分割しそれぞれを位置づけている。地理的な関係、ものの形態や構造や組織などを説明する場合には、この空間的順序にしたがって述べると読者の頭に入りやすい。しかし、ここにも同じような問題があるため、やはり平板さを補う工夫がほしい。

次に論理的順序という基準がある。一般的な事柄から特殊な事柄へという展開をとることが多い。文学の歴史について講ずるような場合は、まず時代を概観し、ジャンルごとの傾向をひととおり述べてから個々の小説家や詩人・歌人をとりあげて各作品の解説に入るという順序をふむと、読み手の理解が容易になるだろう。

因果関係のあるものごとに言及する際には、先に原因のほうを述べてから結果を述べるのがふつうの順序である。歴史的な記述の多くは、どんな原因でどのような社会現象が生まれ、そのためにどういう出来事が起こった、という順に書くと抵抗が少ない。過去のデータを参照し現在の状況を分析して未来の事態を予測するのも、それと同じ方向の述べ方だ。結果のほうに先に気づくことが実際には多いとしても、それを因果関係として述べる文章では、このような順序で書き進めたほうが読み手にとってわかりやすい。これはまた、時間的な順序にも合う述べ方である。

類推をもとに論を展開させる種類の文章を書くには、読者のよく知っていることから話を始め、それをもとにして、相手の知らないことを理解させる、という方向をとるのが一般的だ。つまり、既知から未知への順に展開するのである。やさしいことを先に述べ、むずかしいことを後で述べるのも、それと同じ方向であり、すでに常識となっている。

事柄どうしの間に因果関係がなく、それぞれ独立していることを述べるときは、配列にあまり気を配る必要はない。「最近見かける目に余る行いについて五つの点を指摘する」「特に有効な方法を三つだけ紹介しておこう」というふうに一度くくってから列挙すればすむからだ。これを「カタログ式配列」と呼ぶこともある。しかし、事柄どうしの関係が構造をなしていないにせよ、それぞれの重要さにはっきりと違いがある場合にまったく順不同に並べてしまうと、全体として未整理な印象を与えやすい。新聞の各面の記事などのように、読者が必ずしも最後まで読まない可能性のある文章では、重要なものほど前に来るように配列する。短い文章の場合には、重要度の順に並べるこの方法は論点が明確になり、効果がたしかに期待できる。

ただし、それは特殊な条件をもつ文章の場合だけであって、終わりまで全部読まれることを前提にして書く一般の文章では、必ずしも有効な配列ではない。長々と並列的に展開する文章において、後ろに行くほど論点が軽くなるような配列になっていると、読者はだんだん退屈になり、途中で投げ出すかもしれない。最後まで我慢して読んだとしても読後の印象が薄くなる。

むしろ逆に、軽い話題から始め、少しずつ重要な事柄をあつかって、最後にいちばん大事なことを述べるほうが次第にもりあがるために、文章を読み終えたときの印象がいいこともある。ただし、それも程度の問題で、最初にきわめて価値の低い話題をあつかうと、読み手はばかばかしくなってその先を読んでくれないおそれもある。文章の種類や性格によって配列と効果の関係が一定せず、そのへんの呼吸がむずかしい。

以上さまざまな角度から、文章の構成や展開に関するいわば定跡のようなものをさぐってみた。そして予想どおり、これが絶対という万能のルールはないということがはっきりした。将棋でも囲碁でもそのときの盤面の状況によって次の一手が決まる。いつでも使える妙手というものはありえない。文章においても、文脈を離れてつねにすぐれた表現などというものは存在するはずがない。それぞれの文に価値のある情報が詰まっていたとしても、述べる順序を失敗すると、各文の価値が生きない。生きないどころか、全体として悲惨な状態を呈することさえある。文章はいわば有機体であり、単なる各文の総和ではないからである。

情報を鼓動とともに

文章を書く際にどういう執筆態度をとるかは、その文章の内容伝達に大きな影響を与える。通常の文章で求められる執筆態度といえば、まずは「嘘をついてはいけない」ということだろう。

そこで述べている内容が、実際に体験したり調査したりしたことなのか、そうではなくて、何かを土台にしてあとは自分が推察したことなのか、それとも、すべてが日ごろ自分が考えていること、あるいは想像してみたことなのか。正直な文章では、その点を明らかにしておく責任がある。事実であれば「である」「だった」と文を結んでさしつかえないが、もしそれが自分の推論にすぎないのなら、「だろう」「と思われる」「らしい」「ような気がする」などと、そのことがわかるように文を結ぶ。こういう作業を怠けたせいで読者が事実と意見とを混同するような結果になれば、少なくとも結果としてその文章で嘘をついたと言われても弁解できない。

ことに新聞記事のような文章では、表現の具体性や平明さも必要だが、その前に大事なのはそういう意味での正確さである。辰濃和男の『文章の書き方』では、読み手に正確に伝えるための方策として、おっくうがらずに調べること、そして、自分の先入観にとらわれることなく自分の目できちんと見ることを説いている。数字と固有名詞には特に気をつけたい。こまめに辞典や年表その他の資料に実際にあたってみることが大切だ。それによってケアレス・ミスが激減する。孫引きによる思わぬ失敗も減るはずである。

また、自分の感覚でじかに確かめることが必要だ。夕焼けというとだれでも安易に「あかね色」と書いてしまうが、よく見ると朱色に燃えるときもあり、淡い紅色に染まるときもあり、また、えんじ色に見えるときもある。つまり、「あかね色の夕焼け」という表現が事実を伝えていない場合もあるという指摘だ。このことは新聞記事の場合だけ教訓になるわけではない。それは文章の書き方一般に参考になる事実である。

文章のある箇所が事実であるか意見なのかという点をさらにくわしく見ると、同じく事実を伝える文章といってもいろいろなものがある。それが自分が実際に経験したことなのか、それとも他人から伝え聞いたことなのか、あるいは他人の考えを引用したり紹介したりしているだけなのか、という点を明確にすることも大事なことである。一方、自分の意見を述べる文章でも、それがほんとうに自分自身の固有の考えなのか、だれか他の人の考えから出たものなのかをはっきりさせることが必要なのである。

そういう点であいまいな表現態度のまま書いてしまうと、もうその文章は修正不能なものになりやすい。推敲の段階になって正確な内容に近づけようとあわてて表現をいじりだすと、結果として筋の通らない文章になることがしばしばある。事実を土台にすえて次を展開させたつもりなのに、そこが実は自分の主観的な意見にすぎなかったということに気づくことがある。そうなると、その部分だけ直せばいいわけではなく、それ以後の論が成り立たなくなってしまうからだ。

一口に描写といっても、どれほど客観的な事実を述べ、そこにどれだけの説明をほどこし、また自分の感想や意見をどのぐらいもりこむかによって、まるで違う感じの文章になってしまう。加藤秀俊の『自己表現』という本に、山登りの状況を記した二つの文章が対比的に紹介してある。

一つは、「朝の冷気を吸いながら夢中になって登ってゆく。小一時間も歩いただろうか、急に視界がひらけて高原に出た。名も知らぬ花がちらほらと咲いていた」といういかにも日本的な紀行文だ。もう一つは同じ体験を、「午前七時出発。気温一八度。方角を北西にとって五〇分後に標高一二〇〇メートルの高原に到着」といった調子で記録するイギリス人探検家の文章である。

両者はどちらがいいと断言はできない。日本ふうと評された文章はなるほど読んで味わいを感じるが、それは手引き書としてはほとんど役に立たない。その点、イギリス式と評された文章のほうは、記録としていかにも信用できそうだが、読んでみても味もそっけもない。

要は、どういう態度で執筆するかをあらかじめ明確にしておくことである。なんとなく書いたら、こんな結果になってしまった、というようでは困るのだ。何の必然性もなく両方の書き方が混在する文章もある。そのような文章は、言いたいことが書いてあったとしても、書き手の気持ちの方向が、そして、その鼓動が伝わってこない。それは、これといって際だつ欠点は目につかないが、執筆態度が不安定であるところから生じた一種の悪文であると言っていい。

田宮虎彦は、「小説というのは嘘で固めたところに真実を追求する」のだと言う。事実そのものを追うよりも、史実を活用して自己の文学的主張をより明確な形で行おうというのである。その結果、同じ歴史小説を書いても、たとえば史伝に近い森鷗外などに比べ、自己の心情や感動が作品の表面に浮き出ており、ある種の熱っぽさを感じさせる。

目的意識が違う以上、当然、史実の扱いにも、そうした執筆態度の性格が反映する。田宮の場合は、歴史的な事実自体の全貌を再構築する方向には向かわない。史実のうち、その作品意図に適(かな)った部分だけを活用するのはもちろん、史実そのものにも手を加え、あるいは実在しなかったものをも織り混ぜながら、作品全体をふくらませる。そのため、史実とフィクション部分の継ぎ目が当然むずかしくなるが、そこをいかにも自然な感じに見せる手法として、ひと工夫をほどこす。作中の地名の名づけはその好例だ。舞台の中心となる場所には架空の地名をつけ、そこからはるか遠い場所は実在の地名のままとし、その中間にある土地については実際の地名を一部変形して用いるという手の込んだ命名法を採用したと、インタビューの折に作家みずからが語ってくれた。こうした工夫は、作者の執筆態度と深く結びついていると言えよう。

また、俳人でもあった瀧井孝作の小説の特徴は、実生活の誠実な描写に徹したその執筆態度にある。その結果、「直接経験を正直に一分一厘も歪めずこしらえずに写生した」ということばどおりの作品が生みだされている。頭でこしらえる作り物の俳句よりも「自分の経験したことで作ったほうがいいということがはっきりした」という俳句での体験が、そのまま小説創作における信念となった。これもインタビューの折に、作者自身がはっきりとそう語った。情報はそういう鼓動とともに伝えたい。

22

読者への配慮

いやいや読む人の身になって

文章というものは、相手が読んでくれて、はじめて伝達の役割をはたす。あまりに当然すぎて、書く側ではついうっかりそのことを忘れがちになる。人には他人の文章を「読む」権利があると同時に、それを「読まない」自由もある。読ませてやるのでなく、他人にぜひ読んでもらうためには、それにふさわしい書き方をするのが礼儀だろう。

読んでもらうために何よりも大事なのは、わざわざ読むに値する内容を盛り込むことだが、同時に、できるだけ読みやすい文章に仕上げることも重要である。ことばを読んでそこから意味をつかむのは、けっこう大変な仕事なのだ。そういう厄介な仕事を他人に頼むのなら、それだけの労力を払ったかいがあるような内容を盛り込みたい。が、もう一つ、読み手側のその作業がいくらかでも楽になるように気を配ることも大切だ。いやいや読む人の身になって、できるだけ読みやすいように表現に工夫をこらして書くのである。それが読んでくれる相手へのいたわりであり、人間としての礼儀でもあるだろう。

読者に対する配慮といっても、むろん、その中身は一様でないが、要は、それぞれの文章をそれぞれの読み手に合わせて書くことである。個人にあてる手紙などの場合をのぞいて、文章はふつう不特定多数の読者を対象にして書く。しかし、不特定多数ではあっても、どういう人たちが読むのか皆目わからないということはそれほど多くない。文章の執筆にとりかかる前に、大人か子どもか、学生か社会人か、会社員か主婦か、経験のある者かまるっきりの素人かといったある程度の傾向をつかんでいるのがふつうだろう。だれが読むのかという点と無関係に、つねにすぐれた文章などというものはありえない。読む相手に合わせて適切な表現が決まるのである。

したがって、読み手の姿が漠然とでも見えてこないと、ことばづかいひとつ適切にはできない。たとえば、大人の社会で常識になっているようなことでも、子供相手の文章ではそのまま専門的な術語や難解な用語で話を運ぶわけにはいかない。

大隈秀夫の『文章の実習』の中に、子供に読ませる文章を書くとき、「減価償却」という専門語が使えなくて苦労したという体験談が出てくる。やむをえず、「会社などにある機械は使っているうちに古くなり、いつか買い換える必要が出てくる。新しい機械を買うための費用を会社のもうけのなかから、毎年積み立てていく」というふうに説明しながら話を進めたという。こういう呼吸が大切なのだ。

それでは、読者への配慮がなされた文章を書くには具体的にどうすればいいのだろうか。最大の秘訣は自分の書いた文章を一度他人に読んでもらうことである。鑑賞力のある人物が読んで批評してくれればそれに越したことはないが、そんな人物はめったに身近にいない。だが、この場合は友達でも充分間に合う。批評してくれなどと言うと、引き受け手がないから、読んでもらうだけでいい。極端に言えば、読んでくれなくても、読んだふりをしてくれさえすればいい。そういう人間が具体的にいることで、書き手は他人が読むということを現実に考えて文章を書くようになる。そういう習慣がつけば、意識が違ってくる。細かい注意はそのあとでいいのである。

いつも読者のことを念頭におき、こう書いてはたして相手に通じるだろうか、と自分で考えるようになれば、それだけでずいぶん違ってくる。もちろん、実際に読んでくれて、疑問な箇所、はっきりしない表現などを具体的に指摘してくれる相手がいれば、さらに効果がある。

以前、ある雑誌の企画で作家の里見弴を訪ねたとき、こんな話を聞いた。小説を書き終えると声を出して妻に読んで聞かせるというのだ。そして、読み終えると今度は、どんな内容であったかを妻に言わせるのだという。一度耳で聞いただけだから、相手はもちろんまちがえたことも言う。そのときはただ、ふん、ふん、そうか、そうかと黙って聞いておいて、誤解されたその箇所をあとで書きなおすのだそうである。

読者を意識せずに書いた文章は、書き手が気がつかぬまま、いたずらに相手を傷つけることもある。差別的な表現などには特に気を配る必要がある。京都の人は東京への「上京」ということばに今でもなお抵抗を感じるという。「下阪」ということばを見たら大阪人はどういう気持ちがするだろう。書く前にそんなふうに考えてみることも大切だ。むろん、それは、読む人にもよる。たまに「都下小金井市」で始まるあて名の郵便が届くことがある。「都下」ということばから国木田独歩や徳冨蘆花などの時代の武蔵野のおもかげを連想し、のんびりした雰囲気を味わう。しかし、多くのなかには都心に住む人が近郊を「いなか」として見くだす態度をそこに感じて不快に思う人もあるかもしれない。この差別意識の問題は微妙な面があって厄介だ。神経質になりすぎない程度に慎重でありたい。

多くの文章作法の本で必ずと言っていいほど非難されるものに、自分だけにわかる難解な文章というのがある。「本質はあくまでも、それを貫く怨念の形成と爆発のリズムにある」とか、「分厚い沈黙性を、いわばアン・ジッヒに対象化して」とか、「自然共同体の崩壊からする生活基盤からの闘争」とかといった例がやりだまにあがるが、それももとをたどれば、読み手をいたわる心が足りないのではないかという点に行き着く。

不明瞭な表現、いたずらに難解な表現、あるいは自然さを欠いた語順、行きすぎた省略などによって、読む側に無駄な負担をかけることのないよう、努力を払いたい。一つの文を構成する一語一語のつながりがはっきりして、全体として一つの意味にしかとれないような文に近づけることも大切だ。いろいろな意味に解釈できる文はそれだけ読む側に負担をかけるからだ。と同時に、そうして一文一文が積み重なって展開する文章の内部構造がすっきりしていて、全体として明晰であることが求められる。

できればもう一つ、広い意味での「おもしろさ」というものを文章の要件としてぜひ加えたい。それもまた、読者への配慮なのだ。すぐれたコミュニケーションを完成させてくれるよき読者への感謝の気持ちとして、おもしろく読んでもらえる文章をめざしたいと思う。

こなれがいいほど心になじむ

何となくおさまりの悪い文章というものがある。はっきりとここが不適切であるとか、文のどの部分が乱れているとか、文章中のどの箇所が理解しにくいとかと明晰に指摘できないにもかかわらず、全体として読み手の心にしっくりと入ってこない文章である。それだけで読む気を失ってしまうわけではないが、読む側の気持ちになじんでこない文章と言ってもいい。ある意味でリズムのない文章、調子の悪い文章と見ることもできよう。

ただ並べただけで、文と文とは自然につながって見える。むろん、その内容によって、逆接の関係だったり累加の関係になったり補足という関係にとれたりする。そのような文と文との多様な関係をはっきりどれかに限定したいとき、もしくはその関係を特に強調したいときに、書き手はそれが自分の意図する解釈だとして、ある接続詞を選び、文間に明示する。

こう考えてくると、ある文と次の文との間に接続詞を置くのは、けっしてそれが本来の自然な姿だからではないことになる。書く側が読み手の解釈をその方向に誘導する目的で意図的に操作した結果なのだ。自動車の方向指示器みたいなものと考えると、わかりが早いかもしれない。道が自然に曲がっているときは道なりに進めばいい。そういうところでいちいち合図をされたら、後続車はいらいらする。うるさいばかりか、時には危険もともなう。なかでも文章の論理的な流れの方向を変える逆接の接続詞を多用すると、文意の筋がジグザグに折れ曲がり、読み手は展開についていくのが一苦労だ。こんな文章を読まされたら、たまらない。

ぼくは東北のある町で生まれた。東北とはいっても、雪はそれほど沢山は積もらない。けれども、この冬は珍しく大雪が降り、相当深く積もった。とはいえ、昼の間はそれほど寒いわけではない。しかし、かなり着込まないと過ごしにくい。だけど、厚着をしても重いというほどではない。それでも、もちろんいくらかは動きが窮屈だ。

ここまで行くと、もはや文章の調子がどうとかいうレベルの問題ではない。こんなふうに、先がくねくねと折れ曲がってはてしなく続く文章を読み始めると、たちまち頭がふらふらになって、たいていの読み手は音をあげるだろう。接続詞などというものは、ほんとうに必要な箇所だけに厳選して使うだけでいいのである。

つい引きずられて読んでしまう名随筆というものがある。あとからその点を意識しながら読み返すと、接続詞があまりに少ないことにあきれる。自分が書くとしたらこのへんに「そして」や「だから」や「しかし」をつい入れてしまうところだと驚嘆する。素人の文章と玄人の文章との違いをいやというほど感じるひとときでもある。

新聞記者もプロの書き手だが、新聞というものの特殊事情として、新聞の文章特有の常套句というものを使う。たとえば、遭難があると「尊い山の犠牲」と書く。汚職事件が発覚すると、「衝撃が日本列島を走り抜け」、人びとはその「大胆な手口」に「怒りをあらわにし」、「癒着の構造」に「捜査のメスが入って」「政界浄化」の実ることを期待する、という調子で展開しやすい。

これは新聞文章の名手であった辰濃和男の『文章の書き方』という本に載っている例である。てっとり早く、手短に、という新聞記事というジャンルの特性を考えると、新聞という場でこうした書き方がされるのはそれなりの意味もある。しかし、新聞ではない一般の随筆や評論で、充分に推敲したはずの文章にこのような手垢のついた表現が続出したら、読み手は筆者の文章力を嘆き、その怠慢さに眉をしかめるだろう。これも、読者の期待に反するという意味で、調子の合わない文章の一つであると言える。

いい文章を書くためには文才というものがたしかに必要だが、「文才」というのは、なにも文学的な才能だけをさすわけではない。文章を書こうとする人間は、たいていその点を誤解していると憂え、いい文章を書くのは文学的才能によるだとか、文章を書くこと自体が文学活動だとかと思いこむ考え違いが世の中に害毒を流しているのだと警告する声もある。

「筆のおもむくまま」というと格好よく聞こえるが、何の計画もなくただ連想だけを頼りに書きつらねていくような書き方がある。結論がどうなるかが、書いている当人にさえわからないというのでは困る。その場その場の呼び交わしに任せて流れる文章は、部分的になめらかで耳あたりがいいかもしれない。しかし、全体として見ると、結局、その文章の目的と調子の合わない軽佻浮薄な悪文になってしまう。

一方、自分がふだん話すような気持ちで書けば、調子のいい文章になると思っている人もいる。ところが、講義や講演の録音をとって、それをそのまま文字に直したものを一度読んだことのある人なら、そう簡単にはいかないということが実感できたはずだ。「あのう」とか「えー」とかといった無意味なつなぎことばが頻出し、ことばの切れ目切れ目に「ね」が続出する。それだけではない。「あんなような」とか「そこのところ」といった、現場にいないと何をさすかわからない指示語も交じる。また、主語と述語とがきちんと整っていなかったり、言い足りなかったことをあとから補足する関係で、結果としての倒置表現が増えるし、意味のない重複や、場面に頼って表現を省略することもしばしば起こる。つまり、話の筆記はまともな文章ではないのだ。

「話すように書く」というのは、そんなふうに「しゃべるとおりに書く」ことではない。辞書をひかないと意味がわからないようなむずかしいことばを使わずに、目の前でしゃべっているように率直に生き生きと表現することを言うのである。

情報はできるだけ自然な感じでなめらかに伝えたい。そのほうが読者側でも消化しやすい。こなれがいいほど心にもなじむ。

24
推敲

見知らぬ読者になりすます

志賀直哉は、ひととおり原稿を書き終えたあと、それを引き出しの中に入れて、ある期間そのまま寝かせておいたらしい。原稿が時を経て熟成するはずはないし、年代物のワインとは違って、古いほど値が出るとは思えない。すぐ編集者に渡さずに、あとで冷静にもう一度読み返し、気になる箇所に充分に手を入れて、これでいいというところまで煮つめてから完全原稿を渡そうというのだろう。そのときすぐではなく少し時間をおくほうが、興奮も冷めて的確な処理ができるという判断だったにちがいない。しかし、時が過ぎると感覚が戻ってこない人もいるから、どの時期に読み直すと効果的かは一概に決められないが、書きっ放しにせず一度読み直す習慣をつけることが大事だという点は動かない。

自分の文章を読み直すとはいっても、ただ漫然と読むだけではさほど効果が期待できない。読み直す段階で必要なのは、「筆者として読み返す」という態度をきっぱりと改めることだ。他人になりきり、その文章に初めて接する一読者として、先入観を捨てて読むのである。その意味では、「読み返す」というより、試読するぐらいの突き放した冷たさが必要である。

それでは、見知らぬ読者になりすまし、具体的にどのような点に注意しながら読めば有効なのだろうか。これまで述べてきた項目をもとに、推敲に際して日ごろ考えている文章点検の基本的なモデルを以下に簡潔に示す。

Ⅰ　内容がしっかりしているか

(1)　自分自身でさえはっきりつかめないまま不用意に書き出した結果、内容が論理的に整わず全体として筋が通らなくなった文章は読み手の目にふれないうちにきちんと始末する。未練がましくすがりついていないで、きっぱりと捨て去り、一から書き直すことだ。

(2)　自分の主張している論点からずれている材料や、最後の結論と合わないような例が入り込んでいるなど、根幹にかかわらない部分的な乱れがないかを点検し、もし見つかったら、この段階で適当なものと差し替える。

(3)　文章表現の展開に飛躍があることに気づいたら、ことばを補ってその飛躍を埋める。

Ⅱ　表現意図がきちんと伝わるか

(1)　どういう事柄が書いてあるかは一応通じるが、どのような目的で書いた文章なのかが推測できないうちは、理解できたとは言えない。したがって、それを書いた意図が相手にきちんと伝わるかどうかを検討し、もし問題があれば、加筆・修正し、読み手に正しく伝達できるよう、意図と内容との関係を明確にする。

(2) 読み手の年齢や性別、知識や性格、あるいは好みなどを総合的に考慮し、その条件に合わせて最適の表現をとるべきである。その文章の読み手として自分が考えた相手にふさわしい表現になっているかどうかを検討し、表現面の調節を行う。

(3) 表現意図が正確に伝わるよう、段落内の構成や各段落の配列がそのままで有効に働くかどうかを検討し、不適切な箇所は順序を入れ替えるなど、適切な処置をほどこす。

Ⅲ　すなおな文章になっているか

(1) 改まりすぎた表現、硬すぎる表現、飾りすぎた表現、きざな表現、不自然な表現などがないかどうか検討し、不適切な箇所があれば、相手ができるだけ抵抗なく読めるような表現に近づける。

(2) 調子に乗って書いたために不注意な表現になったり、強調したい気持ちから、つい不正確な表現になったりした箇所があれば、適切な表現に改める。

(3) 「母は父のように身長が高くない」という例のように、いくつかの異なった意味に解釈できる表現がないかどうかを検討し、もしあれば、それぞれの意味に応じて「父と違って」「父ほど」「父と同じく」などと換言して誤解を未然に防ぐ手だてを講じる。

(4) 文の長さに注意する。長い文は読んで理解するのに時間がかかり、また、それだけ誤解も生じやすい。一つの文には一つだけの情報を盛るという心構えで、一つ一つの文を短く切るように努める。

Ⅳ　文中に混乱や不統一な点はないか

(1)　一つの文の中で「お引き受けいただき……お教えくださり」というふうに、自分側と相手側とに視点がゆれると、読む側で頭を切り換えるのが大変だから、少なくとも一つの文の中では、一方の視点で書くことが望ましい。不適切な箇所があれば、視点を統一する。

(2)　あらかじめ文の構造をきちんと考えないで不用意に書き出すと、各要素の関係が文の途中でよじれてしまい、必要な述語が抜け落ちたり、主語と述語とがうまく対応しなかったりする。そのような箇所があれば、もう一度文型を考えて、文の構造を整備し直す。

(3)　「もしも……なら」「たぶん……だろう」「あるいは……かもしれない」「まるで……ではない」といった呼応のしかたが乱れている文があればきちんと呼応するように直す。

(4)　文の構成要素の並べ方に不適当な箇所がないかどうかを点検し、不自然なところがあれば、適切な語順に整える。

(5)　文の構成要素の文法的な形式がきちんと整っているかどうかを検討する。「切手集めや本を読んだりして」といった並列の乱れは、「切手を集めたり」あるいは「読書をしたりして」と、いずれかに統一する。

(6)　意味が重複するむだな表現がないかどうかを点検し、「批判を恐れる心配はない」といった箇所が見つかったら、「批判を恐れることはない」あるいは「批判される心配はない」というふうにすっきりした表現に改める。

(7)　不注意で必要な語句が脱落し、そのためにわかりにくくなった箇所があれば、そこに必要なことばを補って読みやすくする。

(8)「山猿みたく」「太いめ」のような問題のある語形や用法の乱れなどがあれば、世間で通用するように整える。

(9) 敬語表現を用いた文章では、尊敬語と謙譲語との混同に注意し、また、敬語を使いすぎた箇所や待遇が一定していない点などを点検し、必要に応じて修正する。

V　表現や体裁は適切か

(1) 同音異義語の勘ちがいなどに注意し、間違えやすい漢字は、こまめに辞書を引いて確認したうえ、誤字を訂正する。仮名づかいや送り仮名の誤りにも留意し、表記や体裁の点でも統一をはかる。

(2) 句読点、特にテンの打ち方が適当であるかどうかを検討して、あらかじめ読み手の誤読を防ぎ、また、なるべく読みやすくなるようにその量や位置を調節する。

(3) 自分の文章に他人の文章の一部を引用した場合は、どこからどこまでが引用なのかが明確になっているかどうか、また、その原著者に対して失礼な扱いになっていないかどうかを検討し、もし不適切な箇所があれば修正する。

II

〈練る〉表現をゆたかに

25 情報待機

サスペンスをつくりだす

読者の興味を引きつける上級テクニックの一つとして、ある種の情報を意図的に待機させる技法がある。読み手が知りたいと思うような情報をすぐには述べず、わざと後まわしにするというテクニックである。ふだんはふつうに文を並べていく平凡な書き方でいい。だが、何か特別な意図をもってそういう通常の文の並べ方を変えることもある。そのように文の配列を意図的にくずす表現の工夫の一つが、このいわば「情報待機」の技法である。

読者にとって興味のある情報を待機させることの効果は、相手がじりじりするぐらい先へ延ばしたときに発揮される。しかも、後まわしにするその部分が重要な情報を担っていればいるほど、読み手をじらす効果がそれだけ大きくなる。また、その情報を開示するまでの引きずる幅が長いほど、読者はいらいらが募り、期待がふくらむ。

死のうと思っていた。ことしの正月、よそから着物を一反もらった。お年玉としてである。着物の布地は麻であった。鼠色のこまかい縞目が織りこめられていた。これは夏に着る着物であろう。夏まで生きていようと思った。

——太宰治『葉』

一つの作品がこう始まる。一編の冒頭にいきなり「死のうと思っていた」と出てくるのだ。読者ははっと息をのむ。そのあとをこわごわ読んでみると、今度は打って変わって、「ことしの正月、よそから着物を一反もらった」という、まことに平和な内容の文が出てくる。いきなりたたきつけられた深刻な内容の第一文とは何のつながりもないように見える。わけのわからぬまま読者が次の文を読んでみると、そこには「お年玉としてである」とあり、依然として結びつかない。

こうして冒頭の第一文の内容の納得が得られないまま、読者は宙ぶらりんの落ちつかない状態で、また次の文へと誘いこまれる。次の文でもその次の文でも何ら疑問は解決されない。作者はその状態のまま強引に読者を引きずっていく。そして、ようやく第七文になって「夏まで生きていようと思った」と書き、第一文の内容とかろうじてつながる。

情報はなんとか結びついたものの、しかし、それは読者を論理的にも心情的にも納得させるようなつながりではない。つまり、自殺という人生における重大な決意は、夏物の麻の布地を一反もらうというごく些細な偶然の出来事のせいで、たったそれだけの理由で簡単に予定が延期になってしまうのだ。まるでたわいのない遊戯のように読者には見える。話をここまで強引に引っ張ることができたのは、「夏まで生きていようと思った」という決定的な情報を後まわしにしたからである。これは情報待機のテクニックの好例と言えよう。

もしもこれを、「ことしの正月、よそから着物を一反もらった」とふつうに書き出していたら、読者に与える印象はまるで違っていたはずだ。そうすれば、そのあとの展開は、布地の説明を続け、「これは夏に着る着物であろう。私はいつからか死ぬことばかり考えていたが、ともかく夏までは生きていようと思った」と流れることになる。こういう平凡な展開では、技巧的な原文に比べてはるかにサスペンス効果に乏しい。読者をいきなり作品世界に誘いこみ、その気持ちをとりこにするためには、やはり、「死のうと思っていた」といういわば匕首（あいくち）のような一文をちらつかせ、以下しばらく情報を待機させつづけることが有効だったことはまちがいない。読者を強引に引っ張っていく奇をてらったような冒頭文にも、それなりの理屈はあるのだろう。

このような情報待機を利かせた文章を読者側から見ると、当然得られるはずの情報が与えられないために状況がのみこめず、そこの場面や、そのあたり一帯の全体構造をきちんととらえきれない。意図的にそのような未解決感を読者の心に生じさせる目的でこの種のテクニックが用いられることもある。その場合、レトリックのほうでは「未決」と呼んで区別する。

文章の本筋からそれた奇策にはちがいないが、興味をかきたてる働きをするのも事実である。探偵小説や推理小説などで、冒頭ですぐに真犯人を教え、犯行の手口を説明してしまっては、読者にとっても迷惑だ。その先を読む気力をなくしてしまうからである。特殊なジャンルの作品に限らず、このような未決のテクニックは、広く読み物にとって有効な手段であることは否定できない。

この技法は、小説で場面の転換の際に用いると効果的である。ある人物の身に危険が迫ったり、信じられないような不思議なことが起こったりした瞬間に、この技法を利用して場面を一変させてしまうのだ。たとえば、北杜夫の『船乗りクプクプの冒険』からその実例をあげてみよう。

一歩ふみだそうとすると、やぶの中から、くろい手がニュッとのびて彼をひっつかみ、たちまちジャングルの中へひきずりこんでしまった。おやおや？　と思うひまもない、残った連中もうしろからニュッとのびたくろい手のため、アッという間もあらばこそ、その姿はくらい樹木の茂る中へかき消えた。

こうしてジッパヒトカラゲの七人の男は、その名まえのとおり、ジッパヒトカラゲにかき消えてしまったのである。

いったいどうしたことであろう？

こうして作者自身が疑問を投げかける。しかし、次にその答えが用意されているわけではない。一行あけて文章は「こちらは船に残った三人である」と続く。

読者に疑問をもたせたまま、このように一気に場面を転換するのも、未決のテクニックを駆使した展開の例である。文章というのは、はっとしたりほっとしたりすることがないと単調に流れがちになる。そうした起伏に乏しい叙述が長々と続くと、読者は退屈してくる。そうしたときに、何か引っ張るテクニックが必要だ。この情報待機や未決の技法を活用することによってサスペンスをつくりだし、読者を文章に引きつけておくことができるのだ。

26

漸層・漸降

上りと下りは勢いが違う

文の配列上の工夫の中で、叙述の進行とともにだんだん盛り上がるように文を並べるのが、「漸層法」と言われるテクニックである。

この意味（こころ）がわかるかい。わかるだろう。わかるべきだ。わからなければおよねさんは人間（ひと）じゃない。鬼か蛇だ。わかれ。

——井上ひさし『小林一茶』

このわずか五〇字ほどの文章に、「わかる」という動詞が五回も出てくる。同じことばを繰り返すというところに注目すれば、これは「反復」という技法の例と考えることができる。が、ここではその五つの「わかる」という動詞が順番にどんな形で出てくるかという点を見てみたい。

最初が「わかるかい」で、次が「わかるだろう」、そして「わかるべきだ」となり、そのあと「わからなければ」と転じて、最後に「わかれ」という形で結んでいる。ちょっと見ると、口語動詞の活用表にも見えるほどだ。それが表す意味のほうに目を転じて進行を追っていくと、最初が単なる「疑問」で、次が「推量」、それから「義務」へと段階を上げ、「仮定」を挟んで、最後は「命令」に達する。このように次第に文意を強め盛り上げていくのが、漸層法のテクニックだ。この例では、漸層的な盛り上がりの中に、人の情を解さない「鬼か蛇」へと強めることで喜劇的な誇張を果たしている。漸層法をうまく取り込んだからこそ生まれた効果であろう。

月あきらかな夜、空には光がみち、谷は闇にとざされるころ、その境の崖のはなに、声がきこえた。なにをいうとも知れず、はじめはかすかな声であったが、木魂がそれに応え、あちこちに呼びかわすにつれて、声は大きく、はてしなくひろがって行き、谷に鳴り、崖に鳴り、いただきにひびき、ごうごうと宙にとどろき、岩山を越えてかなたの里にまでとどろきわたった。

——石川淳『紫苑物語』

この一節を読むと、ごく小さい音がだんだん大きくなって遠くまで広がっていくようすが、理屈というより感覚的に伝わってくる感じがするだろう。漸層法を用いた展開のあり方がそういう伝達効果に大きな役割を演じている。「声」に注目してその流れを追うと、最初の「かすかな声」から次に「声は大きく」と進み、続いて「はてしなく」と展開する。そして、それと並行して、「声がきこえた」から「あちこちに呼びかわす」と流れ、「ひろがって行き」と進展する。どちらも漸層のテクニックを使った流れである。

そのあと、さらに漸層的な展開が続く。「谷」から「崖」へ、そして「いただき」へ、さらに「岩山を越えて」、「かなたの里にまで」と展開して具体的なイメージを展開させるのに応じて、動詞は「鳴る」から「ひびく」、そして「とどろく」へ強化され、さらに「とどろきわたる」と最高潮に達する。それぞれの動詞を選択して配する、こういう表現の工夫によって雄大な流れをつくりだした例である。

次第に盛り上がるように運ぶ漸層法のテクニックとは逆に、次第に程度が小さくなるように配列して尻すぼまりの感じを出すテクニックもある。漸層法の反対で、これを「漸降法」と呼んでいる。さだまさしの「関白宣言」という曲の歌詞にそういう例がある。「俺は浮気はしない　たぶんしないと思う　しないんじゃないかな　ま、ちょっと覚悟はしておけ」という一節である。「しない」という断定から、「しないと思う」「しないんじゃないかな」と次第に自信のない物の言い方に移り、ここまで漸降法で引っ張っておいてから、最後に少々の浮気くらいは「覚悟しておけ」と開き直る感じで、うまくオチがつく。

この漸降法は、漸層法の一種として一緒に扱うという考え方もある。たしかに両者は展開の方向が違うだけで、その間に技法上の根本的な違いはないが、それぞれの技法が用いられる文章の性格に傾向の違いがあることも事実だ。上りと下りは勢いが違う。何かを主張するとか、物語をドラマティックに展開させるとかといった積極性のある執筆姿勢の場合に、次第に盛り上がる方向の漸層法的な叙述が生まれやすく、挫折や絶望を表現するといった消極的な執筆姿勢の場合に、次第に力が抜ける尻すぼまりの漸降法的な展開が生まれやすいと思われる。

計画的に取り乱す

配列を変えて印象づけるテクニックの代表といえば、語順を操作する倒置表現だろう。次に挙げるのは、三島由紀夫の『花ざかりの森』の中に出てくる「倒置法」の典型例である。

まろうどはふとふりむいて、風にゆれさわぐ樫の高みが、さあーっと退いてゆく際に、眩ゆくのぞかれるまっ白な空をながめた、なぜともしれぬいらだたしい不安に胸がせまって。「死」にとなりあわせのようにまろうどは感じたかもしれない、生（いのち）がきわまって独楽の澄むような静謐（せいひつ）、いわば死に似た静謐ととなりあわせに。

もちろんこの文章は、倒置法を使わなくても十分に通じる。「……まっ白な空を、……不安に胸がせまって、ながめた」「……死に似た静謐ととなりあわせに感じたかもしれない」と表現しても、情報の面では同じことを伝えることができる。しかし、原文のように、「……ながめた、……胸がせまって」「……感じたかもしれない、……静謐ととなりあわせに」と連続して倒置表現で畳みかけることにより、感情の高まりを読者に直接伝える心理的な伝達効果を高めているのである。

この倒置法という技法は一般によく使われるテクニックだが、効果的に使うと強い印象を読者に与えることができる。比較的成功した例の一つとして、芥川龍之介の小品『東洋の秋』の一節をとりあげよう。

あの二人が生きている限り、懐しい古東洋の秋の夢は、まだ全く東京の町から消え去っていないのに違いない。売文生活に疲れたおれをよみ返らせてくれる秋の夢は。

この場合、ふつうに「あの二人が生きている限り、懐しい古東洋の秋の夢は、売文生活に疲れたおれをよみ返らせてくれる秋の夢は、まだ全く東京の町から消え去っていないのに違いない」と書いても十分に情報は伝わるのだが、このように倒置表現を使うと、読者の感情に訴える力が強まる。そういう効果を高めるのに、倒置された「秋の夢は」の文末での反復が特に利いているように見えても、それは計画的なのだ。

これらは倒置法の典型的な例であるが、ほかにも次のような倒置表現風の使い方もある。

兼好は誰にも似ていない。よく引合いに出される長明なぞには一番似ていない。彼は、モンテエニュがやった事をやったのである。モンテエニュが生れる二百年も前に。モンテエニュより遥かに鋭敏に簡明に正確に。

――小林秀雄『徒然草』

これも形は倒置表現に似ているが、よくよく検討すると、典型的な倒置法の例と簡単に決めつけてしまうには問題がある。しかしながら、この倒置めいた表現が論理を展開させるうえで必然的に生まれ、それが圧倒的なリズムを起動させていることは否定できない。

倒置された感じをなくして書き換えると、「彼は、モンテエニュが生れる二百年も前に、モンテエニュより遥かに鋭敏に簡明に正確に、モンテエニュが（後に）やった事をやったのである」というふうになるだろう。少し間のびした感じはあるが、たしかにこの部分だけを見るならば、これでも情報の筋は通りそうに見える。

だが、筋が通るのは、今書き換えたその箇所だけであり、そのあたり一帯の表現の展開が論理的に混乱する。この文章の主張の筋道は、次のような流れの中にあるからだ。

『徒然草』の作者である吉田兼好は、『方丈記』の作者である鴨長明とよく一緒にされるが、その二人の考え方はまったく異質であり、兼好のほうはむしろモンテーニュと共通する面がある。ただし、モンテーニュと通じるところがあるとはいうものの、兼好のほうが二〇〇年以上も早い時期に、しかもモンテーニュよりもはるかに鋭敏に簡明に正確にそれを言ってのけたのだ、という流れで論を展開させているのである。そういう思考の流れに沿って述べるとすれば、先にまず、「モンテエニュがやった事をやった」と叙述し、そのうえで、いつ、どのように、という方向に展開していく原文の一見倒置めいた表現のほうが自然な流れであっただろう。

倒置された感じを嫌って書き換えた文章では、結局、小林秀雄という批評家の思考の流れ、その論理展開の生きたリズムを表現できていないことになる。こう考えてくると、この例は倒置法を駆使して効果をあげたとは言いにくい。そもそもこれが倒置というものであるのかどうかさえ疑問になってくるのである。

文末の述語の位置を基準にして、名詞句なり副詞節なりがその文の述語よりも後ろに来た形を「倒置」というものの典型と考えるのがふつうである。その他の語順の問題は、どれが自然かという程度の問題になる。が、「倒置法」という用語を使うのは、思考の論理的な順序を修辞的な意識によって転換させて表現する場合に限るのが筋だろう。

右に扱った小林秀雄の実例を倒置法の典型と考えにくかったのは、あの論理的な展開が作者の修辞意識によって意図的に転換した結果だというより、それがまさに執筆時における作者の思考の論理を忠実に跡づけていると考えたほうが自然だったからである。

倒置法は諸刃（もろは）の剣（つるぎ）であり、要は、あまり使いすぎないことだ。文章全体の展開、文の配列状況を総合的に考慮し、ここぞという最適の箇所にだけ用いることである。厳選して惜しみながら使うことにより、印象深く訴えかける力をもつのだから。

28

比喩表現

心の風景をのぞかせる

人は文章の中でなぜ比喩のような表現を試みるのか。たとえば、獅子文六の『胡椒息子』という作品に、「まるで、草箒で雨戸を掃くように、ザッ、ザッと、吹き降りの音がした」という一文がある。これは、単に「吹き降りの音」としてもたいていの読者はおおよその見当がつく。しかし、ここに「ザッ、ザッ」という擬音語を用いて具体的に描き、さらに「草箒で雨戸を掃くように」という比喩表現を先行させることで、もともと感覚的なイメージをさらに鮮明にする効果をはたしている。

すなわち、比喩表現とは、読者の理解を観念的なレベルにとどめることなく、表現を感覚的にも納得させ、それによって意味を深く浸透させるための技術である。目と頭だけで読むのではなく、読者がいわば体で読むための表現なのだ。

比喩表現は主として次の三つの技法が中心になる。「直喩」と「隠喩」と「諷喩」がそれである。まずは比喩表現の中でもっともわかりやすく、また、もっともよく使われる「直喩」から見ていこう。

白い蝶のむれは白い花畑のように数を増して来た。
——川端康成『眠れる美女』

講堂の時計塔が霧に包まれ、城のようだった。
——大江健三郎『死者の奢り』

この二例には、比喩として共通した形態的な特徴がある。何を何にたとえているかがはっきりわかるようになっている点と、それが比喩表現であることを示す「ように」「ようだった」といった特定のことばが明記してある点だ。このように比喩であることを示す特有の言語形式をそなえた比喩表現を「直喩」と呼ぶ。「あたかも」「まるで」「ちょうど」「ごとし」「ようだ」「みたいだ」などが、その比喩表現の目じるしとなる代表的なことばである。

「隠喩」は、その名称からも想像がつくように、直喩と違い、その表現の比喩性がはっきりとしたことばの形で表面に現れないところに特徴がある。「まるで」や「ようだ」のような特定のことばを用いず、また、たとえるものとたとえられるものとを明確に区別することもない。

ぎんなんの実を炒りながら家族というやさしい宇宙思うておりぬ
——俵万智『サラダ記念日』

つもった不眠が、重いしこりになって、眉間の奥にひろがりはじめ

——安部公房『他人の顔』

今、右に短歌と小説とから一例ずつ選んで掲げてみた。一般に直喩のほうは小説にも詩にも随筆にも評論にも広く用いられる。それに対し、隠喩はそのほとんどが詩歌に見られるという偏り（かたよ）がある。

右の例では、前者は「家族」を「やさしい宇宙」に、後者は「不眠」を「しこり」にたとえている。いずれにおいても、AをBにたとえる際に、「AはBのようだ」とか「BのようなA」とかといった形式をとらず、直接に「A＝B」の意味になる「AはBだ」「BというA」という形で表現されている。「まるで」とか「ようだ」とかということばを介さず、このように二つの概念を直接結びつけるのが、隠喩の特徴である。

右に説明した直喩と隠喩とは、比喩表現の中でも特によく知られている技法である。それらと並ぶものとしてここにもう一つ付け加えておきたいのが「諷喩」という表現技法である。

パスカルに倣って「人間はあたかも葦のごときものである」という比喩的な発想が頭に浮かんだとしよう。それを直喩形式であらわすと、「人間は葦のようなものだ」といった表現

になる。つまり、「人間」というたとえられる概念と、「葦」というそれをたとえる概念とが、「ようだ」という書き手の比喩意識を映すことばによって明らかに結びついている。

これを隠喩形式に直すと、「人間は葦である」という表現になる。たとえられる「人間」と、たとえる「葦」とをイコールの関係で結び、三要素のうち、「ようだ」といった比喩意識を示すことばは表現面にあらわれない。

一方、諷喩は、この三要素のうち、「葦」といった、たとえるほうの概念だけをことばで示し、「人間」を指すことばも「ようだ」といったことばも明示しない表現である。たとえば、「風にそよぐ葦」という表現が、葦に関する形容ではなく、人間というものの存在を「葦」のイメージで象徴していることが、その前後の文脈からわかるようになっている場合がそれにあたる。文学作品から実例をあげよう。高橋三千綱の『天使を誘惑』では、諷喩が次のように使われている。

恵子にぼくがしてやれるのは一つだけだ。安心して子供が生める条件を備えてやることだ。外に飛び立つのを拒んで、あえて揺れる小枝に巣を張ってくれた小鳥は、そこで、子供を育てることを承諾してくれるだろうか。

右のうち、もしも「揺れる小枝に巣を張」る小鳥が本物の鳥であるならば、もちろんこの表現は比喩とは言えない。「外に飛び立つ」で始まり「くれるだろうか」と結ぶこの一文の中には、はっきり比喩であることを保証することばも、それを暗示する特別のことばも含まれていない。

その文だけを見れば、比喩表現であるとは思えないのだ。しかし、もしもそこをほんとうの小鳥だと解釈すると、その前の文にある「恵子」ということばとの関係が問題になる。それが雌の小鳥の愛称だとでも考えないかぎり、前の文とのつながりが出てこない。そこで話題が移ったと考えるのも無理がある。先行文にある「子供が生める」と後続文の「子供を育てる」との意味上の密接な関係を単なる偶然として片づけるわけにはいかないからだ。

そこで読者は、文と文との間のそういう意味のつながりに、さらに「愛の巣」という連想も加わり、「小鳥」ということばを前の文の恵子を指す比喩と理解することによって、このあたり一帯の文意を通そうとするだろう。

なお、この文章では、それより少し前に「財布を開いて、唇を小さく上下させ、小鳥が珍しいものを見たように、首を傾げてぼくを窺った」という文が出ている。その文での「恵子」を「小鳥」にたとえるこの明確な直喩表現が先導役をはたすことによって、ここで問題にした箇所の諷喩の解釈がごく自然に読者の心に落ちつくことになるのだろう。このように、表現の内部に比喩的な性格をもたず、先行する文脈の流れとの関係から比喩性が浮かび上がってくるところに、諷喩の特徴がある。

以上述べてきた直喩、隠喩、諷喩の三つが、比喩表現の言語的なあり方をもととした場合の基本形である。それとは別に、何を何にたとえるかという内容面に注目したものに、「擬人法」その他の表現技法がある。それらも比喩の一種であるが、擬人法については次項でとりあげ、詳しく言及する。

あるものごとについて語るとき、それと他のなにかとの間に類似点を発見し、そちらのイメージを借りて間接的に伝える。そういう概念の置き換えに比喩表現というものの伝達上の本質があるとすれば、ここまでにとりあげた三つの技法やその擬人法などで主要なものはほぼ尽くされる。しかし、〝類似〟にもとづく転換という限定を緩め、類似以外のなんらかの〝関係〟にもとづく転換というあたりまでをも比喩表現の中に含めるとすれば、そこに浮かび上がってくるのが「提喩」や「換喩」という技法である。

堅田の浮御堂（うきみどう）に辿り着いた時は夕方で、その日一日時折思い出したように舞っていた白いものが、その頃から本調子になって間断なく濃い密度で空間を埋め始めた。

——井上靖『比良のシャクナゲ』

「頭に白いものが目立つ」と言えば、「白髪」を指す婉曲表現だが、この例の中の「白いもの」はそれとは違う。言うまでもなく、白髪ではなく雪の意味である。ここまでに扱ってきた比喩とは違い、「白いもの」という概念は、「白髪」や「雪」そのものとよく似ている、というような関係にはない。つまり、この置き換えは、両者の類似にもとづいてなされたのではない。「白いもの」のうちの一例が「白髪」であり「雪」であるという関係によって置き換えられたのである。このように類と種との関係で置き換わる表現をも一種の比喩と考え、それを「提喩」と呼ぶ。

農林大臣賞や水産庁長官賞がぞろぞろ泳いでいる。

――井上ひさし『ドン松五郎の生活』

何とか賞自体が泳ぐはずはないから、この例は当然、そういう賞を授けられた高価な錦鯉が何匹も堂々と泳ぎまわっていることをそう表現したにすぎない。鯉は別に何とか賞の一部ではないから、提喩における類と種という関係とは違う。このように、なんらかの関係を利用して置き換える表現をやはり比喩の一種と見て、特に「換喩」と呼ぶ。

提喩にしろ換喩にしろ、直喩や隠喩のいくつかの例とは違い、作品世界に華麗なイメージを導入して美的な雰囲気をつくりだすのには適さない。が、表現を簡潔にし、ぼんやりとした雰囲気やとぼけた味わいを醸しだす方面で有効なように思われる。

以上、多種多様な比喩の表現技法を紹介してきた。だが、もちろん比喩表現は、形式の多彩さよりイメージのゆたかさにその本領がある。単に「冬景色」と書く人と「版画じみた冬景色」（堀辰雄『風立ちぬ』）と書く人、ただ「筋くれだった頰っぺた」と書く人と「焦げついた鯛焼のような筋くれだった頰っぺた」（尾崎士郎『人生劇場』）と書く人、「こみあげてくる悔恨」とだけ書く人と「墨汁のようにこみあげて来る悔恨」（梶井基次郎『冬の蠅』）と書く人とは、ものの見方、感じ方、世界のとらえ方が初めから違うのだ。そういう感覚や心の働きがまったく異なっているのである。比喩表現は書き手の心の風景をのぞかせる。それは心象風景の点描であり、書いている人間の意識下の世界を明るみに出す。時には、残酷に映し出すこともある。技巧をひけらかす気持ちで、安易に比喩表現を量産するようなまねはやめよう。

「徒労だね。」
「そうですわ。」と、女はこともなげに明るく答えて、しかしじっと島村を見つめていた。
全く徒労であると、島村はなぜかもう一度声を強めようとした途端に、雪の鳴るような静けさが身にしみて、それは女に惹きつけられたのであった。

——川端康成『雪国』

作品のヒロイン駒子が、自分の読んだ小説の題名と作者の名と登場人物の名と人物どうしの関係を雑記帳に書き留めて、それがもう一〇冊にもなったことを告げ、島村が思わず「徒労」ということばを口に出した場面である。「女に惹きつけられ」る瞬間を「雪の鳴るような静けさが身にしみ」たととらえるこの比喩に、思わずはっと息をのんだときのことを思い出す。すごいなと思うこういう稀有な表現をひとつの目標として、ひとまず、比喩表現の使用を控えてみてはどうだろう。案外それが、ここぞという場面ですぐれた比喩表現を生み出すための何よりの修業になるような気がしてならない。

29

擬人法

万物と語らう

動物や植物や物体など人間以外のものを、あたかも人間であるかのように扱う表現技法を「擬人法」と呼ぶ。


夕刻晩酌をはじめた処へ、出入りの者が釣り竿を持ってきてくれた。

庭にはまだ、夕日が残っている。

晩酌のさかなの一鉢は赤貝である。奴(やつ)が、赤いものを好むということは、この前の時の親切な手紙で知っていたから、取りあえずその一片を餌にして、私はすいれんの葉の上にそれを垂らした。

そのくせ、自分のしたことの効果を、私は少しも信じてはいなかった。私は虫のおさまらぬ気分で、ムッツリと独酌を続けた。

今夜もまた、辺りはばからぬ奇声を発するに相違ないのである。

——永井龍男『道徳教育』

引用の三行目に「奴が」ということばがあるのに注目したい。ここで「奴」と呼ばれているのは人間ではない。永井家の池に入り込んだ一匹の食用蛙である。この随筆は、その「傍若無人な鳴き声」に閉口した作者が読者から寄せられた捕獲法をもとに食用蛙を退治する様子を描いたものだ。他人の迷惑など一切おかまいなしに勝手なふるまいに及ぶという意味の「傍若無人」ということばは、本来なら他人の迷惑を気にすべきである人間の態度を形容するのがふつうだろう。引用部分の最後の行にある「辺りはばからぬ奇声」というのも、あたりをはばかることが期待されるのはふつう人間に限るから、その点、同様の表現である。この作品では別の箇所にも、「彼らの反省を求めていますが、一向に態度を改めません」という調子で扱ったり「あの悪党が、そう易々と釣り針にかかる筈はない」と「悪党」よばわりしたりする例があり、一編全体が擬人的表現に満ちている。この作品の食用蛙は作者永井龍男にとって憎たらしい好敵手として描かれている。このように人間待遇で登場するそのライバルがのちに「捕縛」されたりするあたり、そういった擬人的な表現の文脈が影響してか、読者には、食用蛙が縄で後ろ手に縛り上げられているか、さもなくば手錠でも掛けられたようなおおげさな感じで伝わってくる。

やがて、天の助けか意外にたやすく敵をしとめたあと、作者が「どうだ、こいつ」とひとりごとを言って、「二、三度重い釣り竿の反応を宙でたのしんでから、暗くなった芝生に犯人を坐らせる」場面へと続く。このあたりになると、血気旺んな若殿かだれかが、縛りあげた狼藉者を手打ちにすべく槍をしごいているようなイメージさえ重なってくる。作中に張りめぐらされた擬人的表現のネットワークが相乗効果をあげているのである。

小沼丹の『珈琲の木』という随筆では、コーヒーの木に対して擬人化を試みている。「珈琲の木」というのは、「家人」すなわち作者の妻が近所の町へ買い物に出かけたとき、コーヒーの豆を買ったら景品についてきたものだという。作品はそこからコーヒーに関する思い出話へと移り、次いで苗木の話に戻って、コーヒーの木を育てる過程が語られるという展開になっている。

——蚤の市で買ったんだ。

その珈琲挽を呉れるとき友人はそう云ったが、多分、台所かどこかで、長年に亙(わた)ってフライパンか鍋から立登る脂肪の烟を浴びていたらしく、脂が浸込んでべとべとしていた。その脂をよく拭取って、それからこの珈琲挽で好きな豆を碾(ひ)いて珈琲を喫(の)むことにしたが、それが習慣になって長いこと続いている。巴里土産の珈琲挽は疾(と)うに草臥(くたび)れて隠居して、いまは三代目の頑丈な鉄製の奴に変っているが、習慣の方は変らない。

この珈琲挽からして、すでに擬人化されていることに気づくだろう。最後の一文に「疾うに草臥れて隠居して、いまは三代目の頑丈な鉄製の奴に変っている」とあるのがそれだ。「くたびれる」という動詞はふつうは人間について用い、高等動物にも使う。まれに洋服や手帳などにも使うこともあるが、こんなふうに珈琲挽に対して用いるのは、いかにも擬人化したという感じが強い。ましてそれが「隠居する」などという人間専用の動詞に続くため、その比喩的な感じがさらに強まる。こんなふうに、感情を移入する相手は生きものだけではない。

物についても広く使われてきた「奴」という語も、そういった擬人的な文脈をうけて、人間を指す基本的な用法が前面に出てくる。こうして、このあたり一帯に漂う擬人的な雰囲気の中にあって、コーヒーのほうもごく自然に、「珈琲とはその程度の附合の筈だったが」というふうに、互いに「附合」う人間並みに扱われることになる。

——早く大きくなれ。

柿の種子を植えた「猿蟹合戦」の蟹のような心境だったかもしれない。それから毎日水をやった。毎日水をやっていいものかどうか知らないが、早く大きくなれ、と云う心境だから毎日やらずにはいられない。（中略）仕方が無いから、家にあった五、六種類の肥料を替る替るやった。此方（こっち）の気持が珈琲の木に通じたのかしらん？　或は、珈琲の木が、植木鉢と釣合が取れないとみっともないと思ったのかしらん？　一年ばかり経ったら、マッチの軸木みたいな奴が三十糎(センチ)ばかりの木に成長したから嬉しかった。

毎日水をやっていいのかわからないが、「早く大きくなれ」と毎日水をやってしまう。肥料もどれが合うのかわからないので、手当たり次第にやってしまう。こんなふうに育ての親になった気分で必死になっている姿を想像し、読者の頬は自然にゆるむ。「珈琲の木」に対する作者の思い入れの深さに読者は思わず誘いこまれ、自分のことのように心地よい微笑を浮かべる。

作中に張りめぐらされた擬人的なネットワークの中で何も彼(か)もがどこか人間じみて見える。だからこそ、「此方の気持が珈琲の木に通じたのかしらん？　或は、珈琲の木が、植木鉢と釣合が取れないとみっともないと思ったのかしらん？」といった作者と「珈琲の木」との心の交流が、ごく自然に読者の心に流れこむのである。

鉢は食堂の窓際に置いてあるから、遅い朝食の後、珈琲を喫みながらぼんやりしていると、珈琲の木が眼に入る。この感じは悪くない。ときには、

——早く花をつけろ。

と珈琲の木の天辺(てっぺん)の所を軽く抓(つま)んでやることもある。子供の頭を撫でて、いい子、いい子をしてやる気分に似ているかもしれない。

「子供の頭を撫でて、いい子、いい子をしてやる気分」で、「『早く花をつけろ』と珈琲の木の天辺の所を軽く抓んでやる」この場面で随筆は終わる。作品の擬人的な文脈が流れこむこのフィナーレに、読者はきっと、生きているものに対する作者のいつくしみを感じ、ほのぼのとした気分にひたるだろう。擬人的な把握は自然との心の交流であり、万物と語らうことなのだ。

30 婉曲表現

身もふたもある……

伝達したい情報を直接表現するのではなく、読者があれこれ遠まわりして、書き手の意図した真意にたどり着くように誘導する技法を広く「間接表現」と言う。その代表が「婉曲表現」だ。

婉曲表現の一つの典型は「曲言法」である。これはその名のとおり、言をくねらせて遠まわしに伝えるところに表現上の特色がある。

人間も返事がうるさくなる位無精になると、どことなく趣があるが、こんな人に限って女に好かれた試しがない。現在連れ添う細君ですら、あまり珍重して居らん様だから、其他は推して知るべしと云っても大した間違はなかろう。

——夏目漱石『吾輩は猫である』

細君に声をかけられても返事さえしないこの苦沙弥主人の人物評価を、猫が「吾輩」として述べるくだりだ。ここは、「親兄弟に見離され、あかの他人の傾城(けいせい)に、可愛がらりょう筈がない」とある以上は、細君にさえ持てない主人が、世間一般の淑女に気に入られる筈がないという意味であろう。早い話が、ここの主人はどうじたばたしてもとうてい女にはもてない、というだけの話なのだが、その辛辣な批評をこの猫はもったいぶって、持ち前のもってまわった言い方で述べる。

「現在連れ添う細君ですら、あまり珍重して居らん」として文を切ったとしても充分に間接的なのだが、この老成したインテリ猫は、そのぐらいの間接性では満足できない。「と云っても大した間違はなかろう」と付け加え、表現をもうひとまわりくねらせないと気が済まないのだ。こういうもってまわった言いまわしがいかにも尊大な感じの語り口という印象を与える。その語り手が人間ならぬ「猫」であるということから来る落差が、皮肉なおかしみとなって作中に広がる。

もってまわった言いまわしというものは一般に、死などの避けたい話題に関する表現に多く用いられる。来年の二月ごろまでに死んでしまうだろうという意味で「春まではもつまい」と言ったり、それでも響きがきついと、さらに「もう桜の花を御覧になるのは難しかろう」などというところまで間接化したりするのがそれだ。また、死ぬことを「隠れる」と言ったり、「帰らぬ人となる」「天に召される」などと言ったりするのも同様に慣用的なぼかしである。用字の工夫により「逝(ゆ)く」「斃(たお)れる」という形で死を暗示するのも、すでに婉曲表現として普及している。

このような表現は、単なる言語遊戯とは違う。読み手に対する配慮があると同時に、書き手自身の側にもその方面の不吉な表現対象に直接ふれたくないという気持ちが働いて選択する表現なのだ。遠まわしの表現に代えたいと思うのは、それが素手でさわりたくない対象だからである。そこで伝えたいものごと自体が人間の気持ちに不快な刺激を与え、好ましくないイメージを惹き起す。対象にふれること自体から来る不快な気持ち、あるいは不吉なにおい、さらには品位を疑われるまでの下品な感じ、そういったもろもろのマイナス要素を薄れさせ、印象をやわらげる表現の工夫がこらされるのだ。便所のことを「手洗い」とか「洗面所」とか「化粧室」とかと間接的に言ったりするのも、似たような心理が働いて次第に固定化した言い方なのだろう。

このように、あたりのやわらかい表現にするために、具体的なものを抽象化したり、狭い意味のことばを広い意味のことばに置き換えたり、「誰かが……スル」式の表現を「(自然に) そうナル」式の表現に切り換えたりする。猥雑な感じまでが生なましく伝わる現代日本語を避け、何を指すかというレベルで機能するだけで、その感情的・感覚的な方面まで自分の語感の利かないなじみの薄いことば、そういう古語や外国語にそらすこともある。その表現が具体的に何を指し示すかというあたりをぼやかしてしまう、このようなことばの操作を「稀薄法」と呼ぶことがある。この技法を幅広く規定すれば、婉曲表現の代表的なものの一つとして位置づけられよう。

　暫くして、

「津の江（祖父の妹の村）へ葉書出してくれたか。」

「はあ、今朝出した。」

「ああ、そうか。」

　ああ、祖父は「あるもの」を自覚せられたのではないか。虫の知らせではないか。

　　　　　　　　　　　　　　――川端康成『十六歳の日記』

　この箇所のすぐ後ろに、「滅多に便りもしない妹に、一度来てくれという葉書を私に出させたのは、祖父が自分の死を予知したのではあるまいかと、私は恐れたのでした」という作者自身の注釈を括弧に入れて示してある。むろん、そんな説明がなくても、読者は前後の文脈から、「あるもの」ということばが「死」を暗示し、孫に妹宛てのはがきを出させる行為がその死の自覚を表明したものと読みとるはずである。

　最後の肉親となった祖父とも遠からず別れねばならない。確実にやってくるその永遠の別離を、しかし自分の手で決定づける筆づかいは避けたい。感情を抑制し、祖父の排尿を「苦しい息も絶えそうな声と共に、しびんの底には谷川の清水の音」と聞いたこの少年にも、死を意味することばを明記するのは、さすがにつらいことだったにちがいない。漢字を一字書けば済むはずのところを作者は「あるもの」とぼかした。死という対象に限定されるその一つの文字を忌避し、淡い願いをこめて、ことばの意味範囲を漠然と広げた。このはかない抽象化の試みは、そういった祈りにも似た表現の一策であっただろう。書き手である少年自身の必死の抵抗であったからこそ、読者はこういう稚拙とも言えるもってまわった表現を、素直に受け入れる気になるのである。

ある情報を伝達するという点だけ考えれば簡単に表現できることを、いろいろな思惑が絡んで遠まわしに伝える表現技法を「迂言法」と呼ぶ。たとえば、否定的な返事があったことを「思わしい答えは返ってこなかった」とか「こちらの期待を裏切る方向の回答だった」とかという形で述べるのがそれだ。そうすることで、相手に対するあたりをやわらげ、優雅な感じ、あるいは厳粛な雰囲気を出し、時には皮肉な調子、あるいは詩的なムードを漂わせることもある。

また、人間や事物をそのもの固有の名で直接呼ぶ代わりに、間接的に結びつく複合語や名詞句を用いて婉曲にあらわす例もある。「旅ゆく明かり」で「太陽」を、「夜のともし火」で「星」を意味するたぐいだ。「この地球上で最大の容器」（中沢けい『海を感じる時』）で「海」を暗示する現代文学の例も見られる。これらはレトリックで「代称」と呼ばれる技法である。詩的な雰囲気を醸しだし、味わいを深めるのに効果がある。

ぼかしの効果をもたらす各種の技法の一つに「曖昧語法」と呼ばれることばの操作がある。

女の印象は不思議なくらい清潔であった。足指の裏の窪みまできれいであろうと思われた。山々の初夏を見て来た自分の眼のせいかと、島村は疑ったほどだった。

——川端康成『雪国』

右はこの作品のヒロイン駒子との印象的な出会いの場面から引用したものである。主人公の島村はそのとき、自分の目の前にこれほど清潔感のあふれた美人が現れるとは思ってもみなかった。島村は現実を疑う。いや、そんなはずはない。幾日か山歩きを続け、自然の風物だけを相手にしてきたために自分の感覚がおかしくなっているのではないか。そのための人恋しさのせいで、実際以上に美しく見えるのかもしれないというとまどいを記した一節だ。

ごく素直な普通の文章を読み慣れた読み手の目には奇妙に思える箇所がある。それは「山々の初夏を見て来た」という言いまわしだ。どこか違和感を覚える表現である。「初夏の山々を見る」という表現が鮮明なイメージをストレートに運んでくるのに比べ、この「山々の初夏を見る」という表現から浮かび上がるイメージの輪郭は、それほど鮮明ではない。要は、「初夏を見る」という表現が、「山々を見る」という表現と違って、シャープな映像を運んでこないのだ。そして、それは「見る」という動詞の対象になっている二つの名詞を比べてみればはっきりする。「山々」という語が山という具体的なものを指し示すのに対し、原文中の「初夏」という語は直接には〝時間〟を意味する関係で、具体物を的確に指示せず、対象をぼんやりと抱えこんでいるにすぎないからだろう。

こういう書き方を、それだけ切り離して特徴ある表現として片づけず、文体の問題に踏み込むことも可能だ。この作品『雪国』には、ほかにも焦点をぼかす方向でのさまざまな表現の工夫の跡を指摘できるからである。川端作品は表面、感覚的でありながら、その奥にどこか非現実的なにおいもある。夢のようなやわらかさの底になにか冷たい感触をたたえている。そういう作風の不思議に迫る表現の具体的な問題がこの辺にひそんでいるような気もする。あの人工的な匂いの発散する美を構築するにあたり、このように表現の屈折した多彩な抽象化が一役買っている。

間接的な表現の一種として、控えめな言及にとどめることによって特殊な効果をおさめる技法がある。「緩叙法」と呼ばれるこの技法は、同じ間接表現でも、「曲言法」の系統とは違って、ものごとを遠まわしに述べたり、他のものごととの関連から書き手の真意を推測させたりする方向の手段はとらない。実際に伝えたい事柄より広い範囲を指すことばで表現する方向のぼかしである。読み手はそのことばが意味することのできる広い範囲から、書き手の真の意図を自主的に選びとることになる。つまり、意味の大小関係を利用した間接化の技法である。

たとえば堀辰雄の文章に感じられるやわらかな抒情性は、このような性格の非限定表現をしばしば隠し味のように用いて醸しだす表現の間接性に支えられているように思える。

私は、自分があんなにも愛した彼の病院の裏側の野薔薇の生墻（いけがき）のことを何か切ないような気持になって思い出していた。　――『美しい村』

ときおり軟らかな風が向うの生墻の間から抑えつけられていた呼吸かなんぞのように押し出されて　――『風立ちぬ』

引き留めて置くことが出来でもするかのように　――同前

こういった例に含まれる、それぞれ「何か……ような」「……かなんぞ」「……でも……かのように」といった言いまわしは、そういうことばを用いなかった場合と比べ、文意の限定感をぼかし、表現の間接性を高める働きをしていることは容易に想像がつく。

夏目漱石『坊っちゃん』の初めのほうに、物理学校時代の自分の成績を評して「席順はいつでも下から勘定する方が便利であった」と表現するくだりがある。いったい坊っちゃんの成績はどの程度だったのだろうか。むろん、ここで「席順」というのは、教室内での並び方のことではない。高成績の者から順に並べたときに自分の名前が何番目に現れるか、という成績の順位表のことである。

この表現は、坊っちゃんの成績の良し悪しについてまともに述べていない。話題に対して明らかに脇道にそれている。つまり、ここで漱石は、坊っちゃんの成績がひどく悪いことを、どちらから数えるほうが便利かという別の角度から述べているのだ。遠まわしに述べることによって、おかしみをかきたてているのである。

伝えたい対象を正面からとりあげて描くのではなく、このように視点を転じて別の側面からとらえる婉曲表現は「側写法」と呼ばれる。マラソン競技のあるランナーがレースの抱負を聞かれて、「自分は人の背中を見るのが嫌いだ」と答えたのも、この側写法の一例と言えるだろう。井上ひさしの『四十一番の少年』で、「子供が眠った」とストレートに書かずに、「腕の上で孝の頭が重くなった」と書いている例も、眠った結果起こることを話題にする形で、その子が眠ったという事実を暗示する婉曲な表現である。

はっきり言いすぎては身もふたもない。表現対象を間接化し、婉曲にあらわすのは、いわば「身もふたもある」伝達を可能にするためである。

31

否定表現

打ち消すのもレトリック

否定表現というのは、ある事実を否定的にとらえる場合にのみ用いるのではない。たとえば、日照りが続いて空気が乾燥し、ここらでひと雨ほしいと思うようなときに、「なかなか降りませんね」などと言う。その場合は別に「降らない」という現実を相手に伝えたいわけではない。不満げな表情を浮かべながら、期待どおりにならない現実を指摘することで、その表現の奥に、雨が降ってほしいという希望をひそめて相手の同意を促そうとしているのである。

ある一つの事柄を肯定の形で表現するか、それとも否定の形で表現するかは、そこで話題の対象にしている事柄自体によって決まるとは限らない。それはむしろ書き手の意図、それに応じた表現の選択の問題なのだ。それでは、一般にどのようなときに否定表現を用いる傾向があるのだろうか。一つは表現にゆとりをもたせ、あるいは文意をぼかしたいときである。たとえば、「広くない」と言ったからといって、必ずしも、「狭い」ことだけをシャープに指すわけではない。「狭い」という意味を論理的に含みながら、同時に「狭い」という範囲に限定されない一定の幅をぼんやりと指しているのである。読み手は、書き手の気持ちとしてその幅のうちのどのあたりに伝達の焦点があるのかを探る。その点を決定づける要素は言語面に明示されていない。相手は表情や場面や文脈をとおして間接的にうかがうほかはない。

こういった非限定的な性格は、文が長くなり構造が複雑になるにつれて、文意をいっそうあいまいな方向へと導く。「土曜の夕刻、和子は姪の就職祝いのハンドバッグを買いに、家族と連れ立って自家用車で銀座の専門店に出かけた」という文を例にして考えてみよう。肯定表現であるこの一文は、それを構成している各要素（土曜・夕刻・和子・姪・就職祝い……銀座・専門店）がことごとく正しい情報を伝えているとして、ある一つの事実を指し示している。ところが、これを「出かけなかった」という否定文に変えてしまうと、事情は一変する。最後の「なかった」がその文のどの部分を否定しているのかが明確でないからだ。

和子は買い物に行かなかったのかもしれないし、単に、出かけたのは「土曜」でなく日曜だったということを意味しているのかもしれない。また、「家族と連れ立って」ではなく一人で出かけたのかもしれない。さらに、否定される情報は一箇所とは限らず、三箇所、四箇所に及ぶことも考えられる。いくつもの要素が否定される文が現実にありうるかどうかはともかく、右の文が打消の形で実現した場合は、論理的にそういう数多くの事実を消極的に抱えこむことになる。

この種の否定文は、否定表現というものが本来そなえている非限定性のために、とかく理屈っぽい印象を与えやすい。構造的に言い逃れの道を残すことにもなり、一方、もったいぶった感じをもともなう。従来の日本の社会では、あまり単純明快に言い切ると、その人間がいかにも底が浅いように見られるため、自分を偉そうに見せたい場合に、否定表現を好んで用いる傾向があったようだ。

　夏目漱石の『吾輩は猫である』は、語り手である猫のいかにも偉そうにもったいぶった口調が皮肉な味わいを出し、この作品の面白さを側面から支えている。その猫の語り口には、実は否定表現が非常に多いのである。

> 元来吾輩の考によると大空は万物を覆う為め大地は万物を載せる為めに出来て居る――如何に執拗な議論を好む人間でも此事実を否定する訳には行くまい。偖（さて）此大空大地を製造する為に彼等人類はどの位の労力を費やして居るかと云うと尺寸（せきすん）の手伝もして居らぬではないか。自分が製造して居らぬものを自分の所有と極（き）める法はなかろう。自分の所有と極めても差し支ないが他の出入を禁ずる理由はあるまい。

　このわずか五行足らずの引用部分だけでも、順に「行くまい」「居らぬ」「ではないか」「居らぬ」「なかろう」「差し支ない」「あるまい」といったことばが続出し、ほかにも「否定する」「禁ずる」といった否定に関する言いまわしも使われている。いずれも否定の形をとることで発言に箔をつけた感じの表現に思われる。「出来ぬ事はない」のような二重否定が多いのもこの猫の語り口の特徴だ。右の引用範囲にも実質的な二重否定の表現がないわけではない。たとえば、「否定する訳には行くまい」というのは、ずばりと言えば「肯定するのが当然だ」という意味だし、「出入を禁ずる理由はあるまい」というのも、要するに「出入りを認めるべきだ」ということにすぎない。ただでさえ間接性の高い否定表現を、もう一度ひねった二重否定にすることで、さらにもったいぶった雰囲気を醸しだしている。

『吾輩は猫である』にこんなふうに否定表現が頻出するのは単なる偶然とは思えない。それは漱石が設定したこの作品の語り手であるあのインテリ猫のパーソナリティーと密接に結びつくだろう。そのもったいぶった皮肉っぽい尊大な語り口が、作品の奥に聞こえてくるいわば低音の人間批評と共鳴する。表面を流れる知的なおかしみの底から創作主体としての作者漱石のつぶやきが読者の心に生理的にしみこんでくるのである。

次に、否定文を連続して用いた場合の効果を、小林秀雄『ゴッホの手紙』の一節を例にして考えてみよう。

理想を抱くとは、眼前に突入すべきゴールを見る事ではない、決してそんな事ではない、それは何かしらもっと大変難かしい事だ、とゴッホは吃り吃り言う。これはゴッホの個性的着想という様なものではない。その様なものは、彼の告白には絶えて現れて来ない。ある普遍的なものが、彼を脅迫しているのであって、告白すべきある個性的なものが問題だった事はない。

この箇所は最初から否定に向かう姿勢で展開する。まず、「理想を抱くとは」と論を起こしたあと、それは、「……ゴールを見る事ではない」と一度打ち消す。そして、すぐ追いかけるように「決してそんな事ではない」と否定形式で強く念を押す。その次の文でも同様だ。今述べたゴッホの言動を、「……という様なものではない」と否定的に断定し、続いて、「その様なものは……絶えて……ない」と厳しく否定で追い討ちをかける。さらにそのあと、「……だった事はない」と強調的な否定できっぱりと駄目を押す。

このように否定表現で畳みかけることで否定のエネルギーを集積させ、論展開の筆致を先鋭化させていく。これは、この批評家がしばしば高圧的に用いる極言の一種とも言える。漸層的に否定表現を連続させる形でその論調の激しさを前面に押し出すのだ。それは、紛らわしい不要物を容赦なく斬り捨てながら、直線的に対象の核心に迫る小林秀雄の批評スタイルと呼応しているのである。

否定がこのように何度も連続する表現は、単独の打消や二重否定が醸しだす、あのもってまわった皮肉っぽい調子とは違ってくる。

次にあげる堀口大学の「葦」と題する詩はこれで全部、一編のすべてが否定表現だ。「ない」が二三回使われ、そのほかに述語はない。一見あらゆるものを否定し去るように見えるが、意味を考えると必ずしもそうではない。各聯の末尾はいずれも「人間でしかない」となっており、これは実質的には肯定の意味をあらわす。つまり、すべての行末を否定形で統一して形式を整えながら、しかも、その奥から「人間だ」という意味が読者の前にくっきりと浮き立って見えるように工夫をこらした例なのである。

山でない、
岩でない、
人間でしかない。

花でない、
蝶でない、
人間でしかない。

鳥でない、
土竜（もぐら）でない、

風でない、
雨でない、
人間でしかない。

火でない、
氷でない、
人間でしかない。

神でない、
仏でない、

石でない、
木でない、
人間でしかない。

「もの思ふ
葦」でしかない、
人間でしかない。

人間でしかない。——人間でしかない。——

肯定的事実が自動的に肯定表現となり、否定的事実が自動的に否定表現になるわけではない。打ち消すのも一つのレトリックなのだ。

32 反語表現

ばれるように嘘をつく

ことばの形式とそれが指すはずのものごととの食い違いを目立たせることで、表面上の意味とは正反対の真意を相手に感じとらせる手法を「反語表現」と呼ぶ。


「君から頼んでみてくれよ。」

「私がどうしてそんなことしなければならないの?」

「友だちだと思ってるんだ。友だちにしときたいから、君は口説かないんだよ。」

「それがお友達ってものなの?」と、女はつい誘われて子供っぽく言ったが、後はまた吐き出すように、

「えらいと思うわ。よくそんなことが私にお頼めになれますわ。」

——川端康成『雪国』

山歩きをしたあと雪国の温泉場に下りて来て、島村はこの土地では信じられないほど清潔

な感じの女、駒子とめぐりあう。その翌日、島村が彼女に突然、芸者を世話してくれと言い出した後のやりとりである。自分がほしかったのは実は駒子自身であり、それを例によって遠回りしただけであったと、島村はあとになって知るのだ。

ここで反語表現と認定されるのは、まず、駒子の応対のせりふのうち、「えらいと思うわ」という部分だ。もちろん、この場合の「えらい」は、島村という男性の人格やその行為を高く評価して、駒子が心から感嘆の声をあげたことばではない。

その直後にある「よくそんなことが私にお頼めになれますわ」というせりふも同様である。この場合の「よく」ということばは、「よくこんなに本物そっくりに写生できましたね」と感心して褒める場合の「よく」と文法上の働きは似ているが、この場合は「よくもまあ図々しく」という意味であって、その表現で伝えようとした気持ちはむしろその反対だ。相手の態度に感心しているのではない。あまりのことに呆れはてているのである。

この表現技法の特徴は、実際に伝えたい真意とはむしろ反対の意味になる表現を選んで述べながら、同時に、実はその表面上の意味と反対のことを伝えようとしていることが相手にすぐわかるように、なんらかのヒントを用意する点にある。つまり、すぐばれるように嘘をつくのだ。

タエトは私の傍に黙って立っていた。若し私が好色家であるならば、彼女のまくれた上衣のところに興味を持ったであろうが、私は元来そういうものではなかったので、杏を食べることに熱中している様子を装った。しかし、あらゆる好色家に敗けない熱心さでもって、私は彼女に次のように言った。

「君も食べたまえ。よく熟したのがうまいぜ。これは酸っぱそうだが、これはうまいぜ」

――井伏鱒二『朽助のいる谷間』

この作中の「私」は、いったいぜんたい「好色家」なのだろうか、違うのだろうか。そこにはまず、「若し私が好色家であるならば……、私は元来そういうものではなかったので」云々と書いてある。この文面を素朴に信用すれば、「私」は好色家ではないという理屈になる。ところが、そのあとに、「杏を食べることに熱中している様子を装った」と続く。「装った」という以上は、実際にはほかの何かに気をとられていることを思わせる。何に気をとられているのかとなれば、この引用部分の前に書かれた「上衣の前をまくり上げて」、そしてここで「彼女のまくれた上衣のところ」とこだわってきた表現がそのヒントとなる。つまり、それが気になって、時折、そちらを盗み見ては、視線をあわててそらす、といった落ちつかない挙動だったことを想像させるのである。

すなわち、逆に「興味を持った」という意味のほうが読者に伝わる結果となる。文面とは正反対の情報が感じとれるような構造になっているのだ。つまり、この例について言えば、後から出てくる「装った」という一語によって、わざとばれやすいように配慮した嘘が、作品のすっとぼけた味わいを醸しだし、滑稽感をかきたてるのである。

一方、まったく疑いの気持ちがないときに修辞的に発する疑問文、すなわち「修辞疑問」の技法も、広い意味で反語的な表現の中に入る。

「ああ神様！　あなたはなさけないことをなさいます。たった二年間ほど私がうっかりしていたのに、その罰として、一生涯この窨（あなぐら）に私を閉じこめてしまうとは横暴であります。私は今にも気が狂いそうです。」

諸君は、発狂した山椒魚を見たことはないであろうが、この山椒魚に幾らかその傾向がなかったとは誰がいえよう。

——井伏鱒二『山椒魚』

この引用部分の末尾にある「誰がいえよう」は、そう言える人物の存在を尋ねるために問いかけた質問ではない。その山椒魚にたしかに発狂の気配があると自分が強く主張するために、修辞的に設けた問いなのだ。こんなふうに、この技法は、書き手があらかじめ用意した答えを、読み手があたかも自発的に心に浮かんだような満足感をもって受け入れるように、形式的に疑問文の形で誘いかけ、書き手自身の思う方向に読み手を導くのである。

これを読み手側から見ると、自分が肯定的に理解したいところで否定的に問いかけられ、逆に否定的に理解したいところで今度は肯定的に問いかけられることになる。そのため、読み手はつねにその問いかけに反対する形の答えで応ずるという結果になる。そのような表現機構によって強い刺激が生じ、単純な断定表現よりも強調されて伝わるという効果が期待できるのである。

33 パロディー

二重映しの愉しみ

用語をうるさく規定したりすると「パロディー」の面白みが半減する。そのため、ここでは、ジャンルや様式などの調子や著名な作家の作風、さらには、よく知られた作品の一節などをもじって、いわば模造品を作り出す表現技法を広く「パロディー」と総称することにしたい。したがって、特定の作品の特定の箇所をそっくり思い出させる「模作」や、有名な表現の意味は無視し、そのことばづかいだけをまねる「模擬」などの技法も特に区別せず、パロディーの一種として扱う。

パロディーを得意とする作家といえば、すぐに浮かんでくるのが井上ひさしである。たとえば『小林一茶』という戯曲には、昔捨てた女にものすごい形相で睨みつけられた一茶が、「やれ打つな一茶手をする足をする」とひたすら謝るシーンが出てくる。むろん、これは一茶自身の有名な句の「蠅が」を「一茶」に置き換えたものだ。読者は思わずにやりとする。「上方(かみがた)で名をあげたらしいねえ」と、およねというその女が話しかけてくると、一茶はとっさに「知名度も中位なりおらが名は」という俳句で応じる。読者はそこに、一茶の「めでたさも中位なりおらが春」という著名な句が下敷きになっていることを知り、頰をゆるめる。

薩長の反逆を思えば腹が立つ。君家の窮状を思えば涙が流れる。腹立ちと涙を押えて暮すのは窮屈だ。とにかく人の世はお先まっくらだ。お先のくらいのが高じると、明るいところへひっ越したくなる。

——井上ひさし『おれたちと大砲』

この一節を声に出して読んでみると、気がつくだろう。どこかで聞いたようなある調子が耳に響くはずだ。「……ば……が立つ……ば……流れる……窮屈だ……とにかく人の世は……が高じると……ところへひっ越したくなる」と流れていく文調の奥には、あの独特のリズム、夏目漱石の『草枕』の冒頭の一節が透けて見える。それはあの、「智に働けば角が立つ。情に棹させば流される。意地を通せば窮屈だ。兎角に人の世は住みにくい。／住みにくさが高じると、安い所へ引き越したくなる」という箇所である。作者と読者とがそういう二重映しを共有するひそかな愉しみだ。

原文の「角が立つ」が「立つ」の縁で、この模造文では「腹が立つ」に転じ、「兎角に」が音構造のよく似た「とにかく」に置き換わり、抽象的なはずの「お先まっくら」から具体的な場所を指す「明るいところ」へと短絡的に飛び移るこだわりのなさがおかしい。

追い抜いてどうすんだよ。え、亀の分際で兎を追い抜いてどうすんだよ。お前、鏡見た事ねえのかよ。その醜い体見たことないかよ。それに比べてあの兎の美しい事、どうだ。艶々した純白の体、ルビーのような瞳、愛らしい口、おびえた少女のような身のこなし。

これは『週刊朝日』の一九八六年十二月十二日号に掲載された童話のパロディー大賞受賞作の一つで、「兎と亀殺人事件」という題がついている。ここに引いた初めの部分だけでわかるように、「兎と亀」のおとぎ話をつかこうへい風に仕立てあげたものだ。途中で居眠りをしている兎を追い抜いて優勝のテープを切ろうとする亀を、醜い者に勝たせるわけにはいかないから、兎を起こしてこれを飲ませろと、スッポンの生き血の入ったワインを持たせて追い返す場面だ。

近頃しきりに義祖父と義祖母が、鬼ケ島へ行けと云う。

「おまえは桃から生れたのだから、行って鬼を成敗しなければならない」

これが即ち、義祖父の云い分であって、そう云えば、そんな気もしないではない。

昔話の「桃太郎」の冒頭を内田百閒調に仕立てたいわば「贋作桃太郎」の書き出しの一節

だ。このあとも、「そもそも、桃から生れるとは、世間一般で云われる異常分娩であって、尋常ならざる生れ方である」、あるいは、「曖昧な顔をして、曖昧な相槌を打っている白黒斑犬君と話していても少しも埒(らち)が開かない。順序を正すのも大変だから、お供の件はその儘(まま)にして、先に進むことにする」というような調子で流れていく。百閒を読み慣れている読者には何ともおかしい。

これらの例はそれぞれの作家の表現上の特徴をよくとらえ、それを再現させているが、しかし、その作家の特定の作品の特定の箇所を直接に連想させるわけではない。この話を仮にその作家が書くことになったら、こんなふうに書くだろうと類推して書いてみせたものだ。これもパロディーの一種と言えるが、その点で、『草枕』をもじった前掲の井上作品の例とは性格が少し違う。

この種の表現法は、読者に対して、作者と共通理解が成り立つある種の教養を期待して仕掛けるものだ。それが通じる条件は読者によって違うし、また、時代によっても異なる。

たとえば、井上ひさしの『ブンとフン』という初期の小説に「クサキサンスケ警察長官」という人物が登場するが、これは少し難解だろう。井伏鱒二の作品に慣れ親しんでいる読者なら、そこに「朽木三助」のイメージを重ね合わせてにやりとするはずだが、多くの読者は特に気づかずになにげなく読みすぎてしまうのではなかろうか。また、同じく井上ひさしの『国語事件殺人辞典』では、廃品回収業の青年が「ビン類はみなチョーダイ」と叫ぶのだが、これに「人類はみな兄弟」という類音のCMを重ねて楽しめる読者は時代とともに減っていくだろう。

この作家は自ら戯作者の覚悟を公言し、その時代その時代に読み捨てられる作品を書こうとしているふしがある。その限りでは今通用しさえすれば一向にかまわないことになる。しかし、もし作者自身のあてが外れて、井上作品が長く読み継がれるようなことが起こったら、こういうパロディー部分から先に読者には通じなくなり、後世にはとんでもない難解な作品になるかもしれない。パロディーという表現技法を自分で用いようとするとき、いずれ通じなくなる危険性をそなえている点だけは常に念頭におく必要がある。

ことばで遊ぶ

「オショクジケンの皆さんは三番カウンターの前においでくださ い」というアナウンスが流れたとき、食堂内が一瞬しずまりかえった。井上ひさしの『自家製文章読本』の中にそんな話が出てくる。話し手がなにげなく口にした「お食事券」ということばが、当時話題になっていた同音の「汚職事件」を連想させ、偶然、関係者をどきりとさせた痛快な例である。

同音異義語の多い日本語では、こういう偶然が起こりやすい。これを意識的にやるといわゆる「洒落」になる。毎朝、犬を連れて近所を散歩する。狭い道をバス通りのほうに向かうと、右側に壁塗りを業とする家があった。その前を通るとき、垣根の陰からきまって激しく吠えたてる犬がいた。姿を見かけなくなって何年にもなるが、当時、その犬を「サカンに吠える犬」と呼んでひとり悦に入っていたものだ。むろん、「盛ん」と「左官」をかけた洒落である。

また、頼まれて興の乗らないまま書いた原稿の中身が気に入らず、期限が来ても編集者に渡す気にならずにいることがある。そんな未熟な原稿を締切りだからといって相手にむりやりもっていかれそうになると、とっさに「ゲンコウ強盗！」などと叫びたくなる。これも「原稿」を「銀行」に通わせた苦しまぎれの洒落である。もっとも、強盗呼ばわりされるのは先方としては心外であり、「ゲンコウ犯」で逮捕したい気持ちになるかもしれない。

こうした洒落は日本人の日常の言語生活の中に深く入りこんでいる。周囲にも、おしゃべりの際に得意になってへたな洒落を連発する中年男性を見かけるし、手紙などの文章の中でさえ使う人もいる。

一般に「洒落」として概括されるものには、細かく見るといくつかのタイプがある。その代表的なものは「重義法」と呼ばれるもので、一つの表現から複数の意味が汲み取れるよう表現の形に工夫をこらす表現技法の全体を指す。

この手法は日本では昔から使われていて、室町時代の中期の人で、江戸城のもとを築いたことで知られる太田道灌にまつわる有名なエピソードもその一つだ。ある日、狩りに出かけたら、折あしく雨に出会った。そこで、近くの民家に立ち寄って雨具を所望したところ、粗末な身なりの女が出てきて、黙って山吹を差し出したという。

「七重八重花は咲けども山吹のみの一つだになきぞ悲しき」という古い歌をふまえ、「実の」と「蓑」とを掛けた応対である。あいにくお貸しするような雨具の持ち合わせがなく、お役に立てなくてまことに申しわけない、という意味を込めた丁寧な挨拶だったのだ。とっさに意味がのみこめず、のちにそれを知った道灌は、『後拾遺和歌集』におさめられた兼明親王のこの有名な一首にそのとき思い至らなかったことを深く心に恥じたという。落語のまくらにもふられる話である。

洒落にはまた、「掛けことば」と呼ばれる技法もある。

立ち別れいなばの山の峰におふる
　松としきかば今かへりこむ

『古今和歌集』巻第八の離別の歌の冒頭に出てくる在原行平の一首である。「わたくしは今、みんなと別れて因幡の国へ行ってしまうけれども、もしわたくしを待つというのであれば、すぐにでも帰ってまいりましょう」というほどの歌意で、別れを惜しむ人たちへの挨拶のことばとなっている。

「いなば」の部分が上のことばに対しては「往なば」の意となり、下のことばに対しては「因幡」（今の鳥取県にあたる地名）としてかかっていく。そして、「因幡の山の峰におふる」は次の「松」という語を呼び出すための序の役目を果たし、その「まつ」は同音の「待つ」として下の句につながっていく。

このように前のことばとの関係で一つの意味を作りあげ、次いで後に続く部分との関係で同音または類音の別のことばとして働くようにしつらえるところに特徴がある。

俗に「駄洒落」というのももちろん、この洒落の一種だ。将棋をさしていて、うっかりしている間に王手飛車とりの危険を感じたとき、「その手はくわなの焼きはまぐり」と言いながら、さっと飛車が逃げるのはその一例だ。王が詰んでしまい、「恐れ入りやの鬼子母神」と降参してしまうこともある。

この場合の「くわな」は、上の語に対しては「食わな（い）」であり、下の語に対しては「桑名」という三重県の地名として働く。「入りや」のほうも、上のことばとの関係では「恐れ入りや（した）」となり、下に対しては「入谷の鬼子母神」として意味をなす。ただし、この場合は、「桑名の焼き蛤」や「入谷の鬼子母神」の部分は、この発言の本意とはなんの関係もない。

このように掛けことばを使うことそれ自体を目的とし、掛けことばにする必要から、情報としては無意味な言葉を添えているのが駄洒落の特徴である。

もう一つ、「地口」と呼ばれる手法を紹介しよう。「じぐち」とは「もじりぐち」の略だと言われ、「猫に小判」を「下戸に御飯」としたり、「春眠暁を覚えず」という詩の一句を「遊人盃（さかずき）を押さえず」と変えたりするように、成句の口調をまねてまったく意味の異なった句に仕立てる表現技法である。「巧言令色鮮（すくな）きかな仁」という論語の一句を、単に音だけを似せて「そうめん冷食すずしいかな縁」などとする例がそうだ。意味がまったく違っているだけに、音だけが似ることばの響きがなんとも言えず滑稽に感じられる。

これらはたわいもない言語遊戯にすぎない。しかし、ことばで遊ぶのは、人間だけに許された、いかにも人間くさい行為である。

35 省略法

沈黙がものをいう

「いやだわ。一番肩の張るお客さま。」と、駒子はちらっと下唇を嚙んだが、三味線を膝に構えると、それでもう別の人になるのか、素直に稽古本を開いて、

「この秋、譜で稽古したのね。」

勧進帳であった。

――川端康成『雪国』

最初の会話は、情報を厳密に伝達しようとすれば、多分こんなぐあいになるだろう。

「(あなたのいる前で長唄を歌うのは、私は) いやだわ。(なぜかというと、もともと、私は、知らない人たちの前でこそちゃんと声に出して歌えるものの、知っている人の前では声が出なくなるのよ。それも、あなたは舞踊の研究をなさっていて、その道の批評までなさるほど、こういう方面に素養があるし、おまけに、私にとってあなたはなじみ中のなじみでもあるし、そういう意味で私にとってあなたは) 一番肩の張るお客さま (だということになるのですもの)。」

最大限にくわしく書けば、こんなふうに二〇〇字に及ぶ長さになる。それだけの情報を、原文ではその一割にも満たない少ないことばで伝えることを可能にしている。

もう一つの短い会話についても、それと同じことが言えるだろう。その会話をだれが発言したのかという主体に関する情報も、その先行部分の文脈にまかせている。また、その会話文の直前にある「素直に稽古本を開いて」ということばがどこに係っていくのかという、そのかかり先も、この発話にのみこまれるような形で消えている。

その二番目の発話の次の行にある短い一文を見ると、そこには接続詞もなければ主語さえもない。それはむろん、「駒子が三味線をひきながら歌った長唄は」というふうにいちいちことばで断る必要はなかったにちがいない。しかし、それにしても、その文の頭に「それは」ということば一つ書かれなかったというところには、この作家の意図的なしかけが感じられる。好むと好まないとにかかわらず、筆を省く表現のそういうあり方が、結果として文章に空白部をつくりだし、ある種の断絶感を生みだしているという事実は否定できない。

この一例で考えてみても、省略表現というものの本質は、もともとそこにあるべきだったことばを消し去るところにあるわけではない。何よりも表現の無駄を省いて、文章をすっきりとさせ、そこに、余韻が生じるのを期待するところに本質があるのではないか。時に「省筆」などと呼ばれるような、表現上のそういう全体的な節度にこそ省略の骨法があるのだと言っていい。

具体的に次の例を見て検討してみよう。

彼の呼吸はとまりました。彼の力も、彼の思念も、すべてが同時にとまりました。女の屍体の上には、すでに幾つかの桜の花びらが落ちてきました。彼は女をゆさぶりました。呼びました。抱きました。徒労でした。彼はワッと泣きふしました。

——坂口安吾『桜の森の満開の下』

右の引用のうち、特に、「彼は女をゆさぶりました」から「彼はワッと泣きふしました」までの五つの短い文の連続に注目したい。一つ一つの文を短く切ると同時に、それによって切断された文と文とを論理的に関係づけるはずの接続詞を徹底的に省いた。これはその男の一挙手一投足をばらばらに描く書き方だ。

男がそのときにおこなった一連の行動をひとつの意味をもった連続的な流れとして描いていない。一瞬ごとの個々の動きをひたすら追うだけのかたちで展開するのである。そうすることで、すっかり平静さを失い、今その現場で右往左往している男が、自分の行為と行為との因果関係など顧慮する余裕もなく、おろおろ動きまわっているさまを映し出している。そこにはただ、時間的な先後関係があるだけなのだ。

この接続詞を省略した単文の連続は、展開に弾みをつける役割をも果たしている。文型という点を含めて、そこには形のよく似た小さな断片が並ぶことになった。その結果、話の筋といった全体の流れよりも、読者には、いわば模様のようなものが見えてくる。そして、それがこの作品の民話的な内容と呼応して、象徴的な効果をあげているように思われる。

「どうだ、エライだろう、おでこで蠅をつかまえるなんて、誰にだって出来やしない、空前絶後の事件かも知れないぞ」
「へえ、驚いたな」と長男は、自分の額にしわを寄せ、片手でそこを撫でている。
「君なんかに出来るものか」私はニヤニヤしながら、片手に蠅を大事そうにつまみ、片手で額を撫でている長男を見た。彼は十三、大柄で健康そのものだ。ロクにしわなんかよりはしない。私の額のしわは、もう深い。そして、額ばかりではない。

——尾崎一雄『虫のいろいろ』

作中の「私」は病気で寝ている。この随筆風の心境小説は、寝ながら観察できる範囲の虫の生態をとおして、悠久の時間と空間のうちを通り過ぎる小さな生き物の感懐をつづったなにげない思索の書だ。そして、それはさりげない人生論ともなっている。

ある日のこと、下を向いていた「私」がふと眉を上げると、自分の額のところで突然騒ぎが起こった。額の深いしわの溝で蠅が足をはさまれて飛びたてなくなってしまったのだ。額に蠅をつないだままの顔で家族を呼ぶと、最初に部屋にやってきた中学生の長男が驚きの表情を見せる。右の引用は、そこで「私」が自慢げにつぶやく場面である。

ここで問題としたいのは、引用箇所の最後の一文からの流れである。その文は「額ばかりではない」と結んである。「……ばかりではない」とあれば、読者は当然その次に「……もそうだ」という意味に展開するものと予想する。しかし、この作者の筆は、その文からいきなり「なになに？　どうしたの？」と言いながら家族が集まって来るところに移るのだ。「ばかりではない」の次に突然ぽっかりと穴があく。取り残された読者は、その意味のすきまを埋めようと自分であれこれ想像を始める。この作者はいったい、そのあとにどんなことを書こうとしたのだろう。言い換えれば、そこに書かずに我慢した情報は何だったのだろうかということになる。あの次に、「顔中」とでも書こうとしたのだろうか。それとも「全身がしわだらけ」などと書くつもりだったのだろうか。あるいは、もう一歩進めて、「気持ちのしわも」というような方向に展開するところだったのだろうか。

一匹の蠅が作者の額につながれたのと同様、ひょっとすると偶然だったかもしれないこの一つの省略が、こうして思いもかけない波紋を投げかけることになる。そのとき、読者が深く読めば深く読むほど、文章のあいまいさが奥行きを増し、作品は読者の心に文学的な空間を広げていく。

ことばを省略するということは、結果としてそこでなんらかの情報が省かれることになる。そこで、情報自体の価値を判断し、情報価値の高いものだけを選んでことばで表現するという方向の省略法もある。これを作品展開という面から見ると、ある場合をそっくり省いてしまうような大規模の省筆が断行されることもある。

一例をあげよう。永井龍男の『庭』という小説の中に、律子という名の女の人がある男性から求愛され、一緒に湯河原へ行こうと誘われるところがある。この作品の構成は一章・二章……とする代わりにA・B……という区切りになっているのだが、そのC章の末尾が「湯河原へ行くか行かぬかが、返事の総てになる訳である」という一文で終わり、その「返事」の内容にはまったくふれずに次のD章に移る。

読者は作品の自然な流れとして、律子がその話を断った旨の説明が続くか、もし受けるとすれば次に湯河原での場面が出るか、そのいずれかを予測するのが当然だろう。ところが、作者はその湯河原の場面をそっくり省略し、「翌晩十時を過ぎて、律子は家に着いた」とD章を始めるのだ。つまり、帰宅した時刻を記すかたちで、律子が湯河原へ出かけたことをほのめかすにとどめたのである。これは小さなスケールでの情報の割愛（かつあい）とは言えない。作品展開のうえで、次に来るものと予測される場面をそっくり省いたからだ。これはいわば〝場面カット〟とでも名づけるべき技法である。

作品の筋の流れとしては湯河原での一景が期待されるとしても、小説にとってその場面を詳述することは不要と作者が判断したことになる。これは文学的価値の問題も絡み、また、作家の文体、ひいてはその美意識の問題にもつながる。が、いずれにしろ、書かなくてもわかることはできるだけ書かないで済ませるのが、省略を利かせた簡潔な文章の基本だ。そういう姿勢を貫くことで、一編の文章がすっきりと仕上がることになるのだろう。無言は時に多弁であり、沈黙が多くを語ることもある。

36

名詞止め

ことばを置き去りにして

ことばで表現しきれない感情を伝える手法に、「名詞止め」がある。本来なら名詞の後に何らかの述語が続くはずだが、そこをあえて省略し、感きわまったという気持ちを投影させる技法である。

その点で印象的な名詞止めの例ということになれば、まっさきに思い浮かぶのが太宰の次の例である。

「お客さん！　起きて見よ！」かん高い声で或る朝、茶店の外で、娘さんが絶叫したので、私は、しぶしぶ起きて、廊下へ出て見た。

娘さんは、興奮して頬をまっかにしていた。だまって空を指さした。見ると、雪。はっと思った。富士に雪が降ったのだ。山頂が、まっしろに、光りかがやいていた。御坂の富士も、ばかにできないぞと思った。

——太宰治『富嶽百景』

御坂峠の頂に天下茶屋という茶店があり、井伏鱒二がその二階に滞在して書きものをしている。太宰治も許しを得てしばらくその茶店に泊まり込んでいる。場所が場所だけに、「毎日、いやでも富士と真正面から、向き合っていなければならな」いわけだが、俗っぽさを嫌う太宰の美意識からすると、ここから見る富士は絵はがきのような典型的な景色で、どうも気に入らない。

「お客さん」のそんな態度に内心しょげていた茶屋の娘が、ある朝、雪が降って様相の一変した富士を発見する。そして、その雄姿を見て自信をもち、鬼の首でも取ったように「これでも、だめ？」と相手に迫るシーンだ。面目を一新した力強い富士の姿に、はっと心を打たれた「私」のその瞬間の衝撃を、この作家は「見ると、雪。」という感動の名詞止めでみごとに表現した。

この作品に限らず、太宰はしばしば文章中に名詞止めの表現を用いる。

いまは、弱者。もともと劣勢の生れでは無かった。　――『善蔵を思う』

これも同様だ。「見ると、雪。」の「雪。」は「雪である。」とか「雪が降っていた。」とかという表現の述語の部分が書き手の息とともに飲み込まれた結果、名詞止めの形になった。それと同じように、この「弱者。」という文末表現も、たとえば「弱者だ。」とか「弱者になってしまった。」とかとなるはずだったろう。

ことし落第ときまった。それでも試験は受けるのである。甲斐ない努力の美しさ。

――『逆行』

絶対の孤独と一切の懐疑。

――同前

人間、失格。
もはや、自分は、完全に、人間で無くなりました。

――『人間失格』

これらは名詞に当然続くはずの述語に相当する部分を明確に省いたという単純な例ではない。その名詞をぽつんと置いただけのように見える。感動という内面の動きの対象となる、ある観念なり判断なりを、ただ投げ出しただけの例に近いのではなかろうか。

未完に終わった『グッド・バイ』では、そういう性格の名詞止めが量産される。「酒はそれこそ、浴びるほど飲み、愛人を十人ちかく養っているという噂。」「とんでもないシンデレラ姫。洋装の好みも高雅。」「その眼には、涙が、いまにもあふれ出るほど一ぱい。／キヌ子は平然。」「乱雑。悪臭。／ああ、荒涼。四畳半。」「小さい電球が一つ暗くともって、ただ荒涼。」「温情は大の禁物、わが身の破滅。」……まさにこの世へのグッドバイとなったこのコメディー・タッチの最終の作品はそのためにかえって読んでいてやりきれない感じがする。それはこういう名詞止めの形でそれを書いている人間の肉声のようなものが伝わってくるからだろうか。

このあたりになると、もはや述語の省略というより、そこで書き手が絶句した感じの表現と言っていい。ただ黙って名詞を投げ出しただけに見えるこういう表現は、その意味でふつうの名詞止めとは違う。仮に「名詞提示」とでも呼んで、単なる名詞止めと区別しておきたい。

太宰の文章には、きらりと光る名詞を独立して投げ出し、人をはっとさせる表現がある。次もそんな一例だろう。

「子供より親が大事、と思いたい」という格言じみた刺激的な一行で始まる『桜桃』という作品の冒頭近くに、「お父さんは、お鼻に一ばん汗をおかきになるようね。いつも、せわしくお鼻を拭いていらっしゃる」と「一歳の次女におっぱいを含ませながら」母親が言い出すところがある。すると、家庭の父親は苦笑して、照れかくしに「それじゃ、お前はどこだ。内股かね?」と、ことさら品位を落としてやり返す箇所だ。そして、こう続く。

「私はね、」

と母は少しまじめな顔になり、

「この、お乳とお乳のあいだに、……涙の谷、……」

涙の谷。

父は黙して、食事をつづけた。

沈黙という形での感情表現と言うこともできよう。「涙の谷。」ということばを置き去りにした、このしずくのような一行に出会って読者はことばを失う。一つの絶妙な省略が、読者をふっと黙らせるのだ。

理屈より実感

抽象的な考えや概念的になりやすい内容を相手にうまく伝えたいとき、読み手が実感できるよう、しばしば具体的な例を挙げて説明する。

徹夜の仕事のあと、あまり空腹だと寝つかれないので、軽くパンくらい食う、それが終るか終らないに、予科で、八時初りの多い欽吉の朝飯、暫くして森山、寝坊な昌一がその次、三時半頃に、主人（あるじ）たちの朝飯、五人家内の風呂、六時には、森山と兄弟二人の晩飯、少しおくれると、腹がすいたで大騒、それをひとたてすまして、大抵一人や二人は客のある、晩酌で、たっぷり二時間もかかる晋蔵たちの晩飯、客の帰るのが、十二時前ということはめったになく、その揚句（あげく）が、蕎麦が食いたい、何？　もう間に合わない？　じア、パンかお雑炊でも、と無遠慮に寝夜食を請求する客もある、その間に、女中たちの三度の食事や入浴も挟まるのだから、その総てに気を配らなければならないおこうの忙しさというものは、いい加減な料理屋、待合の女将（おかみ）の、遠く及ぶところでなかった。

――里見弴『本音』

ここに引用したのはたった一つのセンテンスで、実に三五〇字にも及ぶ長文である。この長大な一文で伝えたいのは、要するに、おこうは大変忙しいということなのであるが、その忙しさはまさに、「いい加減な料理屋、待合の女将の、遠く及ぶところでな」いことを読者によくわかるように具体的な例を並べた結果、このような姿を呈したのである。

その伝達効果を考えるために、このような例示を行わなかった場合と比較したい。すなわち、このように一日の仕事を順に並べ立てず、単に「おこうの忙しさはすさまじかった」、あるいは「おこうは料亭の女将以上に忙しかった」とした文と比べてみるのである。読み比べてみれば、具体例を次から次へと並べ立てた原文のほうが、概念というより生活に密着した感じで読者の頭にからみついてくる表現効果が実感できよう。

寝つく前の軽い食事、時間の違う三人のそれぞれの朝食、午後になってから取る主人たちの朝食、五人家内の風呂、三人分の夕食、来客をも交えた晩酌つきのゆっくりした晩飯、夜が更けるまでのいろいろな客の接待、さらには、その客たちの夜食の世話、女中たちの三度三度の食事、それに入浴というところまで、いちいち具体的な例を示して、その間に会話まで盛り込んでいる長い長い一文だ。こうして生活の実際を述べたてられることによって、おこうという女の殺人的とも言える忙しさを読者は実感として納得するのだ。つまり、このように生活が生き生きと伝わってくるのは、作者がそれを概念的に述べず、具体例とともに描き出しているからである。

この「挙例法」からのバリエーションの一つとも見られるものとして、「点描法」と呼ばれる技法がある。これは、ある対象を描写しようとするときに、その表現対象の全体の姿や印象をまとまった一つの流れとして描かずに、その全体を構成しているいくつかの要素を個々に取りあげて述べることをとおして全体を察してもらおうとする技法だ。対象を面としてとらえずに点の集合として描くという特徴をもつことに注目し、絵画の技法名を借用した命名である。

この技法では、そこで取り上げるそれぞれの部分を、通常、連体修飾のついた名詞の形にまとめ、それらの名詞を単に並べたてるにとどめ、全体をまとめることはしない。

大きな鼻、静かな口、長く延びた眉毛、見慣れた半蔵の眼には父の顔の形がそれほど変ったとも映らなかった。

――島崎藤村『夜明け前』

ここでは、父をモデルにしたと言われる主人公の青山半蔵の目に映る「父の顔」が父親の顔という全体像としてとらえられていない。その顔を構成する「大きな鼻」「静かな口」「長く延びた眉毛」という個々の要素がその代表として取り上げられ、それらが互いに関連もつけずにばらばらに並んでいるだけだ。いわばその非連続な点の集合から、読者は自分でその「父の顔」全体のイメージをつくりあげていくのである。

この〝点〟の数が増すにつれて、次第に精細さが加わってくる。そして、取りあげる点の数が極端に多くなり、対象を叙述するとき、読者が必要以上と感じるまでにそのほとんどあらゆる面を取り上げて詳しく述べたてるテクニックを「詳悉法」と呼ぶ。

> 此女の表情を見ると、余はいずれとも判断に迷った。口は一文字を結んで静である。眼は五分のすきさえ見出すべく動いて居る。顔は下膨の瓜実形で、豊かに落ち付きを見せているに引き易えて、額は狭苦しくも、こせ付いて、所謂富士額の俗臭を帯びて居る。のみならず眉は両方から逼って、中間に数滴の薄荷を点じたる如く、ぴくぴく焦慮て居る。鼻ばかりは軽薄に鋭どくもない、遅鈍に丸くもない。画にしたら美しかろう。かように別れ別れの道具が皆一癖あって、乱調にどやどやと余の双眼に飛び込んだのだから迷うのも無理はない。
>
> ――夏目漱石『草枕』

この一節だけで口、眼、顔型、額、眉、鼻を連続的に取り上げ、いずれも長く形容を重ねている。あまりに執拗な描写で読者があきれるほどだ。下手をすると、描写が細か過ぎて、冗長でうるさい感じを与えるかもしれない。が、つぶさに観察した結果をまとめてできるだけ具体的な印象を生み出そうと苦労した文章であることはわかる。

漱石の場合は、感覚が複雑になった近代人にとって、細かく観察し緻密に解剖するのは当然のことであるという自覚があったのだろう。簡潔な描写と比べて、イメージの実質的な豊かさを読者に伝えることができたのは明らかだ。大事なのは理屈より実感なのである。

38 列挙法

ことばの洪水で圧倒

叙述の途中でことさらまとめることをせず、各部分に同じ力点を置いて述べる際に、特に同格のことばを並べたてる技法を「列挙法」と呼ぶ。夏目漱石の『坊っちゃん』の中で、主人公の坊っちゃんが山嵐と話しているときに、赤シャツのことを「ハイカラ野郎の、ペテン師の、イカサマ師の、猫被り(ねこっかぶ)りの、香具師(やし)の、モモンガーの、岡っ引きの、わんわん鳴けば犬も同然な奴」とまくしたてる例はその典型である。

里見弴の『本音』にも、「両親の膝下にいた頃には、総領らしい弱気、強情、甘ッたれ、我儘(わがまま)、お洒落、お茶ッぴい、泣き虫など、あらゆる幼い感情を、のうのう(の)と展べ放題に育って来ながら」と続く箇所があり、やはり典型的な列挙法と言える。

娼婦、ポン引、猥本売り、めちゃやな年頃の大学生、もの好きざかりの中学生。ヒロポンの切れた三白眼。ばくちに負けた奴。ひとの財布を狙う奴。頭にいっぱい淫らな幻想のかけらをつめこんだ工員。(中略)なにやかやらが血と精液の充満したぼうふらの群れのようにひしめきあっている。

——開高健『日本三文オペラ』

この例の中には、「娼婦」「ポン引」といった単純な一語もあれば、「頭にいっぱい淫らな幻想のかけらをつめこんだ工員」というように長い連体修飾を伴った名詞もある。また、最初の一行のように読点で畳みかける勢いの流れがあるかと思うと、そのあとに続く句点で切って息を整えるようなゆったりした間合いもある。多種多様な人間を表す名詞がこのように連続して現れることで、「血と精液の充満したぼうふらの群れ」といった感覚的もしくは象徴的とも言えそうな記述の肉づけを果たしている。そうすることで、さまざまな人間が雑然と「ひしめきあっている」ごたごたした感じを具体的なイメージで伝える効果をあげていることに注目したい。

代表的なものをいくつか挙げて「……といった」というふうに、その他の存在を暗示するような省略を利かせた表現とは正反対に、ものの名前を徹底して並べる場合もある。野坂昭如の『火垂るの墓』の中で、「蒸し芋芋の粉団子握り飯大福焼飯ぜんざい饅頭うどん天どんライスカレーから、ケーキ米麦砂糖てんぷら牛肉ミルク缶詰魚焼酎ウイスキー梨夏みかん、ゴム長自転車チューブマッチ煙草地下足袋おしめカバー軍隊毛布軍靴軍服半長靴（はんちょうか）……」と続く箇所は、それを極端なまでに実行した例である。

単語の長さにこだわらず、また、和語・漢語といった語種を統一することもなく、その場にあふれんばかりのさまざまな物の名前がただ雑然と並んでいるように見えるが、注意深く見ると、そこにはなんらかのルールがあるようにも見える。もしも「握り飯地下足袋梨天どんマッチぜんざい軍服ウイスキー缶詰てんぷら軍隊毛布……」などと並んでいたら、もう目をおおうばかりの乱雑さだが、ここはそんなにひどい列挙ではない。「うどん天どんライスカレー」とか「米麦砂糖」とか「焼酎ウイスキー」とか「梨夏みかん」とか「ゴム長自転車チューブ」とか「軍隊毛布軍靴軍服」とか、最低限の種類分けがなされているように見えるからだ。

読点さえも極端に倹約して長々と続くこの例をじっと眺めていると、そういった若干の類別も、乱雑な散らばりぐあいも、まるでその場の実態をそのまま描写したように感じられてくる。品物がそこにまさにそんな状態で並んでいるようにも思えるのだ。読点や中点で区切らず、「芋の粉団子握り飯大福焼飯ぜんざい饅頭……」とベタ書きすることによって、団子から饅頭までがすきまなく所狭しと並んでいる実情を再現したもののように感じられるのである。たとえば、「夏みかん」と「ゴム長」との間に打たれた読点が、それが置いてある場所の両者の間のわずかな隙間を暗示し、格助詞「から」の挿入によって、そこまで連続して記された物資が自分の身近に置いてあることを示しているように読者は読んでしまうかもしれない。

仮に、「雑多な物が隙間なく並んでいる」というふうに概念的に記述した場合と比較すると、原文のこの洪水のような書き方は、いかにもごちゃごちゃと物が重なり合った雑然としたイメージを喚起し、ひいては全体として猥雑な雰囲気を醸しだす効果をあげていることがよくわかる。

以上の例からも、列挙法が表現の過剰によって効果を高めるようすを感じとることができただろう。最後にもう一つ、爆発的なエネルギーを感じさせる圧倒的な例を紹介しよう。

　ばかでかい理性、情熱、洞察力、想像力、空想力、ばかでかい好奇心、もの好き、陽気さ、のんきさ、あるいは途方もない怒り、悲しみ、笑い、あるいはまた野放図な食欲、咀嚼力、消化力――そういったものの根底には、おそらく、ばかでかい人間エネルギーが存在し爆発しつづけているのであろう。
――小田実『何でも見てやろう』

まずは、この長い一文の構造をくわしく見ていこう。表現技術の性格としては、純粋の列挙法というより、むしろ反復法を骨格とし、それに列挙法で肉付けした構造と見るべきだろう。文章構造の大枠をたどると、最初に「ばかでかい」という形容句が二回続き、そのあと、「あるいは」として、それと類似の意味の「途方もない」という形容句が用いられ、次に、「あるいはまた」として、これも同方向の意味をもつ「野放図な」という形容動詞が現れ、そのあとをダッシュで切って、そこまでを「そういったもの」として括り、最後にまた三回目の「ばかでかい」という形容詞を登場させている。

今度は文章構造の内部をのぞいてみよう。最初の「ばかでかい」で先導されるのが「理性」以下五個の名詞で、その内訳は二字漢語が二個先行し、二字漢語に「力」を付した三字漢語が三個それに続く形で並んでいる。二番目の「ばかでかい」に先導される四つの名詞は、前後の二つずつがそれぞれ似たような意味の組になっている。次の「途方もない」に先導される三語はすべて和語の動詞から転じた名詞である。最後のグループである「野放図な」に先導される三語は、どれも二字漢語であるか、または二字漢語に「力」を付した三字漢語である。こんなふうに内部構造はきわめて整然としていることがわかる。

この原文は以上のような「理性」から「消化力」にいたる四群一五個の対象に共通する母胎を、三度目の「ばかでかい」という形容詞のもとに統合し、「人間エネルギー」と一括して展開するのである。

ある時期のアメリカという国に確かに存在した、あの信じられないほどの活力、あの驚くべきバイタリティーに全身で感動した作者の気持ちを伝えるこの文章そのものが、圧倒的な勢いで読者の胸の中に広がってくるのは、そのことばで指示する意味だけによるわけではない。このようなエネルギッシュな文構造をとることによって、その感動をさらに増幅させている事実に目を開くべきだろう。このようなことば自体のあり方が、この著者が全身に浴びた活気あふれるアメリカのイメージを増幅し、読者に襲いかかるのである。

情報量に比べて言語量がはるかに多く、洪水のようにあふれ出ることばの量感で読み手を圧倒するところに、この技法の本領があると言うべきだろう。

39 反復法

畳みかけて弾みをつける

よく使う文章テクニックの一つに、「反復法」と総称される技法がある。

私の意識はしだいに拡散していった。広い広い海のさざ波のくり返しの上へと、私は漂っている。私は漂っていく。漂っていった。

——中沢けい『海を感じる時』

「広い広い」の反復箇所は、「貴重な貴重な一点をもぎとる」のような用法と同じく、強調の効果を狙った典型的な例である。また、「漂う」という動詞を「漂っている」「漂っていく」「漂っていった」と、アスペクトやテンスを変えて三回繰り返すことによって、単なる強調以上の複雑な効果をつくりだしている。後者はまったく同じ語形ではないが、これも反復のテクニックの一つと見ていい。

また、「ほかほか」「ほのぼの」「ぼやぼや」「ぽかぽか」といった擬態語は、そのことば自体が畳語構成になっている。こうした調子の語を多用することで、独特のリズムが生まれる場合もある。

　何年もの間吊りっ放しだったんだろう、カーテンが茶色いヨレヨレのヒモのようになってて、畳はケバケバになったのがすり切れて、まるで砂地のようにザラザラしていた。

——つかこうへい『蒲田行進曲』

　このわずか二行と少しの引用範囲だけで、そのような畳語構造のことばが「ヨレヨレ」「ケバケバ」「ザラザラ」と三つも出てくる。この例では、それも、三つとも片仮名表記になっており、この文章の俗っぽい性格を象徴している。

「畳語法」はある単語をその直後に繰り返す技法だが、あることばを必ずしもすぐに繰り返すのではなく、ある箇所に同じことばを集中的に用いるテクニックもあり、「畳点法」と呼んで区別することもある。

　その典型的な例といえば、何といってもあのアメリカの大統領リンカーンの「人民の人民による人民のための政治」という有名なモットーだろう。そこでは「人民」という同一の語句を集中的に用いることで、この短いことばに力と調和とを生み出している。これをたとえば「人民の民衆による国民のための政治」などと言い換えても、その主張が変貌するわけではないが、これではみんなに訴える魅力が失われる。「人民」という同じ語を反復する原文には、力強さとハーモニーがあったのだ。「人民」「民衆」「国民」と言い方がころころ変わるような政治家を「人民」は信用しないかもしれない。

さて、題だが……題は何としよう？　此奴には昔から附倦(つけあぐ)んだものだッけ……と思案の末、礑(はた)と膝を拊(う)って、平凡！　平凡に、限る。平凡な者が平凡な筆で平凡な半生を叙するに、平凡という題は動かぬ所だ、と題が極(きま)る。

——二葉亭四迷『平凡』

この例でも、同じ「平凡」という語を繰り返すところにおもしろさがある。特に「平凡な者が平凡な筆で平凡な半生を」と畳みかけるあたりを、たとえば「平凡な者があたりまえの筆でごく普通の半生を」などという表現に書き換えてしまったら、原文にあった名調子はすっかりこわれる。同じことばを避けてわざわざ類義語と取り替えたところがなんだかしつこい感じになり、逆効果となる。

雪のなかで糸をつくり、雪のなかで織り、雪の水に洗い、雪の上に晒す。

——川端康成『雪国』

この例では、短い一文の中に、「雪」という語が四度も繰り返し登場している。「縮(ちぢみ)」を織ることに「雪」というものがいかに縁の深いものであるかを、作者はその「雪」という語の反復によって、読者に感覚的に強調してみせたのだろう。が、ともかく、畳みかけて弾みをつけるところに反復の極意がある。

　待つという言葉は、私たちの心のありようを決して正しくはつたえなかったが、それは、やはり、待つというよりほかいいようはなかった。私たちはその日を待った。そして、その日は、待つ間もなく来た。

——田宮虎彦『沖縄の手記から』

アメリカ軍の沖縄上陸作戦を間近に控えた状況を描いたこの文章では、わずか二行ちょっとの間に「待つ」という動詞を四度も使っている。文中の「私たち」の気持ちを「待つ」ということばで表すことへのためらいがある。「待つ」という語はこの場合ぴったりしてはいないが、しかし、それはやはり「待つ」ということばで表現するほかはない。そんな心の逡巡を正確に追いながら、作者はそこに、「待つ」という動詞を積極的に繰り返している。そういう表現が、結果として、その展開にはずみをつけ、気持ちとは逆に軽快なテンポを生み出すことになったのは皮肉である。

　このように畳語法、畳点法をはじめとする反復の技法は、文中で伝えようとする対象自体の反復的性格を効果的に表現するだけではない。強調的な効果を発揮し、会話的な調子やリズムをもたらす機能をも兼ね備えているのである。

40 尻取り文

展開は鎖のように

反復の技法の中に、俗に「尻取り文」と言われるものがある。正式には「前辞反復」の技法と言われ、前の文の終わりあるいはその近くにあったことばを、次の文の初め、あるいは最初のほうで繰り返し用いるテクニックだ。鎖状につながるところから、広く「連鎖法」と呼ぶこともある。

「何ですか」と男は二の句を継いだ。継がねば折角の呼吸が合わぬ。呼吸が合わねば不安である。

——夏目漱石『虞美人草』

「二の句を継ぐ」という慣用的な言いまわしを二つに分け、その後半を受けて次の文を「継がねば」という形で始めている。切り方に少し無理はあるが、形としては典型的な尻取り文の例である。そして、その文の終わりにある「呼吸が合わぬ」という表現を、その次の文の頭で再び「呼吸が合わねば」として受ける点でも、まさに型どおりの尻取り文になっている。「尻取り」の形をふみ、鎖のように展開することでリズミカルになり、文展開にはずみがつく。


山路(やまみち)を登りながら、こう考えた。

智に働けば角が立つ。情に棹させば流される。意地を通せば窮屈だ。兎角に人の世は住みにくい。

住みにくさが高じると、安い所へ引き越したくなる。どこへ越しても住みにくいと悟った時、詩が生れて、画(え)が出来る。

——夏目漱石『草枕』

「……すれば……する」「……すれば……だ」という類似文型の反復使用は、展開を調子づける繰り返しの技法の一種である。が、それと同時に、尻取り文の技法もたくみに盛り込まれている。二番目の段落を「住みにくい」として結ぶと、次の第三段落の冒頭の一文をその名詞形である「住みにくさ」ということばで始める。そして、その文を「引き越したくなる」という述語で結んだあと、次の文を、その「引き越す」に合わせて「どこへ越しても」という形で始めている。まったく同じ語形でない点、やや変形した尻取り文と言っていい。が、いずれにせよ、それによって独特のリズムを生み出すことに成功していることはまちがいない。

いつに変らぬ残暑の西日に蜩の声のみあわただしく夜になった。夜になってからは流石厄日の申訳らしく降り出す雨の音を聞きつけたものの（中略）立つ秋の俄に肌寒く覚える夕といえば何ともつかず其頃のことを思出すのである。

その頃のことと云ったとて、いつも単調なわが身の上、別に変った話のあるわけではない。

——永井荷風『雨瀟瀟』

この文章では、「あわただしく夜になった」と文を閉じたあと、次の文で「それからは」と受けずに、わざわざ「夜になってからは」と繰り返す形で始める。また、その段落の最後の文を「其頃のことを思出すのである」と結んだあと、次の段落の冒頭で「とはいっても」などと文を始めずに、もう一度「その頃のこと」ということばを反復して「その頃のことと云ったとて」と受けた点も同様だ。いずれも尻取り文の類例であり、文の流れを滑らかにしている。

無技巧の名文という定評のある志賀直哉の文章の中にも、尻取り文めいた技法の跡が見られる。

然し其材料へ自分の心がシッカリと抱き付くまでには多少の時が要った。多少の時を経ても心が抱き付いて行かぬ事もある。

――志賀直哉『和解』

この文章では「多少の時が要った」として前の文を結んだあと、次の文を「時間が経っても」などと始めないで、前の文のことばを繰り返しながら「多少の時を経ても」と文を起こしている。先行文の文末の意味だけでなく、その形をも意識している点で、この例も尻取り文を連想させ、また、事実、そのような効果をおさめていると考えられる。

41 リズム

軽くステップを踏んで

リズムのある文章というのは、読んで快感を覚えるだけでなく、作品の印象を鮮明なものにする。読むほうも軽くステップを踏む気持ちで迎える。

野ゆき山ゆき海辺ゆき
真ひるの丘べ花を藉き
つぶら瞳の君ゆゑに
うれひは青し空よりも。

これは佐藤春夫の「少年の日」という詩である。この詩でまず目につくのは、最初の行に三回繰り返される「ゆき」という動詞「行く」の連用形だろう。それから、もう一つ、「海」でなく「海辺」とし、「つぶらな瞳」でなく「つぶら瞳」とし、「空よりも青し」でなく「青し空よりも」とすることによって調整された七五調のリズムが心地よい響きを添えている。そして、その階調がこの詩の世界をくっきりと縁どり、作品を印象的にしている。

一定の拍数のことばの連続をこのように規則的に繰り返すリズムを意図的につくりだすのは、詩歌に特徴的であるが、散文作品にも目立たない程度の地味なリズムを感じることがある。

おれの行く路の右左には、苔の匂（におい）や落葉の匂が、湿った土の匂と一しょに、しっとりと冷たく動いている。

——芥川龍之介『東洋の秋』

指摘されなければ、まったく気づかずに読みすぎるところではなかろうか。だが、調べてみると、読点がきわめて規則的に打たれていることがわかる。句読点で区切られる部分を一つの単位としてその長さを測ってみると、この場合、四つとも同じ一五拍の長さになっているのだ。これはまったく偶然の結果なのだろうか。

同じ作品の別の箇所に、「その上今日はどう云う訳か、公園の外の町の音も、まるで風の落ちた海の如く、蕭条とした木立の向うに静まり返ってしまったらしい」という一文がある。これも、もしも、「木立の向うに」という意味の切れめのところに仮の読点を打って区切るとすれば、やはりどのかたまりも一四拍ないしは一五拍となる。

昔、この作品の文体的な性格を見るために表現をくわしく分析したことがある。その際、句読点で区切られる部分の長さを測定すると、この作品の場合は一五拍前後になることが際立って多く、また、そのほぼ二倍にあたる二八〜三〇拍のあたりもかなり多いことがわかった。これはそのときに対比するために一緒に調査した志賀直哉や川端康成の文章にはけっして見られない、芥川に特徴的な著しい偏向であった。つまり、この一五拍前後の長さのことばが、芥川の散文のいわばリズム単位となり、文章に独特の調子を与えているのである。

道がつづら折りになって、いよいよ天城峠に近づいたと思う頃、雨脚が杉の密林を白く染めながら、すさまじい早さで麓から私を追って来た。

この快い諧調で流れる一文は、川端康成の『伊豆の踊子』の冒頭部である。文意をたどりながら読む場合は、三・六・三、四・七・六・五、五・三・五・三・五、五・四・五・五・五というリズムになろう。なめらかな五拍を基調として時おり三拍の弾むような調子が交じる。若々しいマーチの調べとでも言うのだろうか。流れるような展開が耳に心地よい。

古人の多くが花の開くのを待ちこがれ、花の散るのを愛惜して、繰り返し繰り返し一つことを詠んでいる数々の歌、――少女の時分にはそれらの歌を、何と云う月並なと思いながら無感動に読み過して来た彼女であるが、年を取るにつれて、昔の人の花を待ち、花を惜しむ心が、決してただの言葉の上の「風流がり」ではないことが、わが身に沁みて分るようになった。

——谷崎潤一郎『細雪』

この一節には、「花の散るのを」「数々の歌」「それらの歌を」「彼女であるが」「昔の人の」「決してただの」「言葉の上の」「わが身に沁みて」のように二文節で七拍になる箇所が多い。「古人の多くが」という四拍の連続、「開くのを待ちこがれ」「繰り返し繰り返し」という五拍の連続、「思いながら無感動に」という六拍の連続、あるいは、「年を取るにつれて」という三拍の連続など、同じ長さの文節が連続することも、流麗な文調に仕立てるのに有効な働きをしているように思われる。

最後に、書き手の息づかいが伝わってくるようなリズムのある文章を紹介しよう。

まったくいまいましいあの飛行機のせいで、私はひどく疲れたままブリュッセルに着いた。旅費の節約が目的で、自分で選んだ航空会社だから、文句を言うのは筋違いだとアエロ・フロートからおこられるかもしれないが、それにしても、あんな飛行機にははじめて乗った。

なにしろ喧(やかま)しかった。私には一言も理解できない言葉をわめくトレーニング・パンツ姿の大男たちが、通路を絶えず行き来する。酒びんが私の頭ごしに受け渡しされる。彼らが音楽的民族であることを否応なしに納得させられるような声で、合唱を聞かされる。

日本人乗客は私を含めて六、七人の筈で、それ以外のすべての人達が、声を張り上げているのではないかと思われるほどだった。

——栃折久美子『モロッコ革の本』

本を開くと、いきなり「まったくいまいましいあの飛行機」と、この作品は始まる。そして、「それにしても、あんな」「なにしろ喧しかった」と無遠慮に耳のわきでつぶやくような文章だ。声というより息が聞こえてくる感じがする。こういう不作法とも言える書き方の文章がそれでも読者をぐいぐい引っぱっていくのはなぜだろう。率直な表現の奥に脈打つ作者の息づかい、吸いこむようなリズムのせいではなかろうか。

それでは、このリズミカルな諧調をつくりだしている言語的な特徴はどこにあるのだろうか。

何よりもこの文章の性格を決定的にしているのは、まるで自分自身にでも話しかけるような桁はずれの率直さだ。頭に浮かんでは消えるとりとめのない考えが、次々に口をついて出てきたように思えるほど、この文章は生き生きと弾むように展開する。書いている生身の人間の息づかいがじかに聞こえてくるような感じにとらわれる。生理的なリズムの伝わってくる文章と言ってもいい。

五七調とか七五調とかという形で明瞭な音声意識として存在するリズムもあれば、散文の中に忍び込み、独特な調子を陰で支えるリズムもある。そして、このような人間の呼吸の響きを伝える生理的なリズムもある。それだけではない。作品の中で展開する思考のリズムもあれば、執筆中の作者の気持ちのリズムもあるにちがいない。リズムというものをそんなふうに広くとらえるにつれて、それは文体に向かって連続的に接近するように思われる。

42

対句表現

形式美はシンメトリックから

文章の調子をなめらかにし、さらに読者への印象を強める反復の技法に「対句表現」と呼ばれるものがある。一定の長さの類似した形式の句を二つで対になるように配置する技法であり、それがいくつか連続する場合もある。宮沢賢治の有名な「雨ニモマケズ」という詩などはその典型だ。

東ニ病気ノコドモアレバ
行ッテ看病シテヤリ
西ニツカレタ母アレバ
行ッテソノ稲ノ束ヲ負イ

右の例では、前半と後半とがそれぞれ「名詞＋格助詞ニ＋連体修飾語＋名詞＋アレバ＋行ッテ＋動詞句の連用中止」となっている。こういった言語形式上の対応が明確になっているだけではない。方角を示す名詞がそれぞれ「東」と「西」というふうに対照的な意味をもつ語が対置されている点でも、典型的な対句表現となっており、それだけ効果があざやかに発揮されている。

> 女定九郎、女自雷也、女鳴神、――当時の芝居でも草双紙でも、すべて美しい者は強者であり、醜い者は弱者であった。
>
> ――谷崎潤一郎『刺青』

この文の後半に「AはBである」という形の反復が見られる。そして、そのAの位置に「美しい者」と「醜い者」、Bの位置に「強者」と「弱者」というふうに、二組の対立することばを対置させる。形式と意味との両方でこのような対比関係をつくりあげることによって、散文とは思えないまでにみごとな対句表現の典型が実現している。そして、この整然とした対比表現が、〝刺青〟の世界をはなやかに彩る古典的な様式美を映し出しているとも言えよう。

対句表現を考えるときに参考になるのが、その手本となった漢詩の修辞である。たとえば李白の「静夜思」という詩の中では、「頭を挙げて山月を望み、頭を低れて故郷を思う」のように、「頭を挙げる」と「頭を低れる」という対照的な句が先導し、「山月を望む」と「故郷を思う」という同じ構造の句がそれに続いて、表現の統一感を高めている。

海にはしぜんに塩と魚とがあるように、陸にはしぜんに酒と女とがあった。

——石川淳『善財』

前半と後半との関係を比べると、「海」と「陸」という概念の対立が見られ、「しぜんに」ということばが繰り返され、両者とも「……にAとBとがある」という同じ文型になっている点、はっきりと対句の形をしている。ただ、AとBにそれぞれ配された「塩と魚」と「酒と女」との組み合わせどうしの対立は、その対照的な性格がさほど鮮明ではない。

この対句表現をさらに巧妙に、堂々とした格調をもって使っているのが森鷗外の『空車』だ。

これに繋いである馬は骨格が逞しく、栄養が好い。それが車に繋がれたのを忘れたように、緩やかに行く。馬の口を取っている男は背の直い大男である。それが肥えた馬、大きい車の霊ででもあるように、大股に行く。

この一節では、前の二文と後の二文とが全体として対になっている。まず、「これに繋いである馬は」と「馬の口を取っている男は」とが対比され、それぞれ「骨格が逞しく、栄養が好い」と「背の直い大男である」とが対立する位置に置かれている。それぞれそのあとに続く文は、冒頭がともに「それが」で前の文を受け、次がともに比喩表現でそれぞれ「車に繋がれたのを忘れたように」と「肥えた馬、大きい車の霊ででもあるように」と形容し、そして、「緩やかに行く」と「大股に行く」というふうに、同方向の意味の修飾語をともなった「行く」という共通の動詞を配してある。口調のよさ、文章の形式美はこんなシンメトリックの構造から始まるのだ。

　このように二つの文どうしが相似形を成して反復することによって、スケール豊かな堂々たる調子が生まれる。そこには、形態美を兼ねた力強い感じがみなぎってくるのである。この作品では、そのすぐあとに、アレグロ風のテンポで反復が次々に展開する表現が続き、よく見ると、そこにも一種の対構造が読みとれる。

　此車に逢えば、徒歩の人も避ける。騎馬の人も避ける。貴人の馬車も避ける。富豪の自動車も避ける。隊伍をなした士卒も避ける。送葬の行列も避ける。

　この箇所では、「Aも避ける」「Bも避ける」「Cも避ける」と、六回も同じ構造の短い文が繰り返されている。しかし、意味の面に目を向けると、この六文はただ漫然と並んでいるのではない。最初の二文はどちらも「人」をさすことで対となり、次の二文はともに「車」

であることで対となり、最後の二文はいずれも「列」をなしている存在であることで対になっている。これは次第に大げさな組み合わせになるような並べ方だ。そして、各組の二つを比べると、いずれも後者のほうが大がかり、あるいは厳粛なものになっていることに気づく。つまり、この六つの文は、こういった対構造を利用してこれ以外に動かしようがない順に並べてあるのだ。対句的なバランス意識を土台として漸層的に反復する表現構造をとおして、文意が次第に高まりつつ展開していくのである。

43 現写法

臨場感を高める

過去の出来事を述べる場合は、文の末尾を「……した」「……だった」といういわゆる過去形で書くのがふつうである。が、時には過去の出来事であっても過去形を使わず、「……する」「……だ」と文末をいわゆる現在形で結ぶことがある。それを意図的に行う場合、一つの手法と見て「現写法」という名で呼ぶ。過去のことに限らず、未来のことや架空の出来事などを書く際にも用いられ、いずれも場面の臨場感を高めるのに効果を発揮する。

すべてを現在形で結ぶのではない。作品全体の叙述のベースとしては、あくまで過去のことは過去として描く態度で書き進めながら、その中に部分的に現在形の文末を混ぜた書き方をするのだ。そうすることで、あたかも読者の目の前で今、その事件が展開しているような印象を与えるのである。そう考えると、現写法は、物語の中でも何か特別に決定的な一事を語るとき、あるいは、きわめて印象的なシーンを描くとき、あるいは、その場面を浮き彫りにしたいときなどに大きな表現効果が期待できる技法だということになる。すなわち、〝時〟と〝処〟を的確に選択し、厳選して用いることが、この表現法では特に重要なのだ。

このことを、中島敦の『山月記』を例にとって確認してみたい。

> 今から一年ほど前、自分が旅に出て汝水のほとりに泊った夜のこと、一睡してから、ふと眼を覚ますと、戸外で誰かがわが名を呼んでいる。声に応じて外へ出て見ると、声は闇の中からしきりに自分を招く。覚えず、自分は声を追うて走り出した。無我夢中で駆けて行くうちに、いつしか途は山林に入り、しかも、知らぬ間に自分は左右の手で地を攫んで走っていた。何か身体中に力が充ち満ちたような感じで、軽々と岩石を跳び越えて行った。気がつくと、手先や肱のあたりに毛を生じているらしい。少し明るくなってから、谷川に臨んで姿を映して見ると、すでに虎となっていた。

若くして科挙に合格するほど優秀な隴西の李徴であったが、詩家として名を残すという夢が叶わず、生活のため一地方官吏の職に甘んじざるをえなかった。あるとき、公用の旅に出る。そして、汝水のほとりに泊まったとき、その狷介な性格が災いしてついに発狂し、虎になってしまうという話である。

引用箇所は、虎となった李徴が、叢の中から旧友に語ったことばである。このうち現写法を用いているのは、「戸外で誰かがわが名を呼んでいる。声に応じて外へ出て見ると、声は闇の中からしきりに自分を招く」という二文と「気がつくと、手先や肱のあたりに毛を生じているらしい」という一文の計二箇所である。

前者は何か得体の知れないものに誘われ、まるで魔物に魅入られたようにふらふらっと戸外へ迷い出た場面だ。後者は、自分の体に異様な変化が起こったような感じがして、川の水に姿を映してそのことを具体的に確認し、その恐れが現実のものとなったことをさとる場面である。おそらくそれは、今思い出すさえ寒けがするほどの悲劇の発端と自覚の瞬間であったと言えよう。

人間の狂気が次第に虎に身を変じていく過程を、この文章は現写法を用いて生き生きと描き出した。過去形の文末表現をベースにして語ってきた物語の中で、突然、現在形の文末が現れることから起こる摩擦感が、読者に〝今〟〝ここ〟という意味での臨場感をかきたて、物語のその場面へと誘いこむのである。

この現在形の文末表現をもっと多量に、また、もっと連続して用いる場合もある。

私の席のちかくに、ひとりの女事務員が坐っている。

彼女はいわゆる美人ということになっており、部屋の男たちは一様に、熱っぽいあるいは意味ありげな眼を彼女に向けている。そういう視線のなかで、彼女は背筋をしゃんとのばし、誇りたかく坐っている。

彼女の軀は、いい匂いをあたりに撒きちらしている。彼女は、すこし香水を強くつけすぎるようだ。

——吉行淳之介『鳥獣虫魚』

この引用箇所などは、三つの段落にまたがる五つの文がすべて現在形で結ばれている。しかも、この部分だけではなく、このあとにも「……石膏色のかたまりである」「……当惑させはしない」「……すり抜けることになる」「……流れこんでくる」「……混じりこんでいる」「……手がかりになっている」「……軀を知っている」「……そのことに気づかない」「……といえるのだ」などといった現在形の文末が多数現れる。

しかし、もちろん、この小説全体が現在形の文だけでつづられるわけではない。事実、この作品は「その頃、街の風物は、私にとってすべて石膏色であった。長くポールをつき出して、ゆっくり走っている市街電車は、石膏色の昆虫だった。地面にへばりついて動きまわっている自動車の類も、石膏色の堅い殻に甲(よろ)われた虫だった」というふうに始まる。この冒頭段落を構成している三つの文はいずれも過去形の文末表現をとっているのだ。

冒頭の一文に、街の風物がことごとく石膏色に見えたとあることに象徴されるように、この作品の主人公は、周囲の対象が具体的な存在として働きかけてこないという意識に悩んでいる。自分をとりまく対象が有機的なかかわりをもたないのだ。身のまわりの人も物も、一切が自己とのつながりをもたない、色を失った存在と化す不気味さ、そういう感覚を伝えるのに、部分的に用いられる現在形の文末表現が確かな働きをしているのである。

以上のように、この現写法は、それの用いられる割合がいくらか多くなっても、それぞれにある種の表現効果をねらって選びとる一つの仕掛けであることに違いはない。

44 誇張表現

望遠レンズで迫力を

ある対象についての自分の認識や感覚などを伝える際に、実際の意識よりも大げさに表現する場合、それを一つの技法と見て、「誇張表現」と呼ぶ。たとえば、「そのときの十分間で、彼は十年も年老いた」（太宰治『猿面冠者』）とか、「烈しい寒気があなたを冷凍し、あなたの内臓まで氷漬けにする」（倉橋由美子『暗い旅』）とか、あるいは、「この鈍い痛みは眼球全部を涙と一緒に流し出さなければ止りそうもなく」（金井美恵子『燃える指』）とかといった例は、典型的な誇張表現と考えていい。いわば望遠レンズをのぞくことで迫力を増す現象だ。

誇張表現には、あえて作品世界のバランスを崩し、レベルをわざと外すことで読者の期待をはぐらかしたり、作品の世界を戯画化したりする効果もある。こうした使い方を得意とするのが、やはりあの井上ひさしだ。初期の作品『モッキンポット師の後始末』では、「髪の毛は前人未到のアフリカのジャングルよろしくもじゃもじゃ生え茂り、その一本一本が上に横に斜めに東に西にと勝手気儘（きまま）な方向に伸び、その上複雑怪奇に絡み合いもつれ合い、本当にライオンの一頭や二頭は潜み隠れていそうな気配だった」などという極端な誇張表現が冒頭からなにくわぬ顔で出てくる。また、たとえば、「支配人は総金歯をにゅっとむいて笑ったので、あたりが黄金色に目映く輝いた」という大げさな一文もある。金歯の輝きをここまで誇張して描くことで、その支配人という登場人物のみならず、その場面全体を戯画化しているのである。

むろん、他の作品にも例は事欠かない。『吾輩は漱石である』というとぼけたタイトルの作品の中では、ある英会話の英人教師に質問したばかりに、その罰として「おかげでおれ、一昨年、一年間ここに立たせられた」などと言ってみたり、すっかり固くなってしまった一三年前のマロングラッセをかじったせいで前歯を二枚欠いたなどと断言したりする例が現れる。いずれも現実にはありそうもない常識はずれの表現である。

軍人は小児に近いものである。英雄らしい身振を喜んだり、所謂光栄を好んだりするのは今更此処に云う必要はない。機械的訓練を貴んだり、動物的勇気を重んじたりするのも小学校にのみ見得る現象である。殺戮を何とも思わぬなどは一層小児と選ぶところはない。殊に小児と似ているのは喇叭や軍歌に鼓舞されれば、何の為に戦うかも問わず、欣然と敵に当ることである。

この故に軍人の誇りとするものは必ず小児の玩具に似ている。緋縅の鎧や鍬形の兜は成人の趣味にかなった者ではない。勲章も——わたしには実際不思議である。なぜ軍人は酒にも酔わずに、勲章を下げて歩かれるのであろう？

——芥川龍之介『侏儒の言葉』

この文章がこうも人の胸を透かせ、また、ある読者の激しい怒りを買うのはなぜか。その原因の多くは、ここで用いられている刺激的な表現にある。もちろん、「英雄らしい身振を喜んだり云々」以下の情報自体も相手を刺激する。小児との共通点をこんなふうに八つも指摘されるのだから、軍人を賛美する思想の持ち主にとっては、それこそ腹にすえかねる内容だろう。しかし、それ以上に刺激的なのが、そのことを伝える表現のあり方だ。たとえば、「大人げない」といった妥当ではあるが少々手ぬるい言い方を採用せずに、いきなり「小児に近い」ときめつけている。他の箇所でも「子供じみている」程度の表現にとどめずに「小児と選ぶところはない」と突き放したり、単に「小児の玩具に似ている」で済まさず、その前に「必ず」という強調の副詞を置いたりしている。このように、軍人を軽んじる表現が随所にちりばめられているのである。

もちろん、冷静に分析すれば、軍人は子供と違う点も多い。体の大きさも違うし、学力も腕力も違う。そういう相違点には一言もふれず、芥川のこの文章は自分の議論に都合のいい共通点だけを述べているように見える。たしかに、そのとおりだ。ことさらそうしてみせることで、敵も味方も興奮するような、ああいう刺激的な文章に仕立てているのである。もし も共通点と相違点を網羅した総合的な分析結果を客観的に記述したとすれば、あれだけの迫力で読者に迫り、その感情を波だたせることはできなかっただろう。

このように事実に対する認識それ自体を拡大し、極端な言い方で表現する技法を、誇張表現の中でも特に「極言」と呼ぶ。強調に徹するために、細かいニュアンスの差をあえて無視し、ことさら刺激的な表現を選んでいるのが特徴だ。そうした極端な表現に読み手が共鳴するか、逆に反発するか、それによって表現効果が両極に分かれてしまう。そういう激しい技法である。

この極言は、また、小林秀雄が好んで用いる表現法でもある。たとえば、こんな言い方をする。

> 川端康成の小説の冷い理智とか美しい抒情とかいう様な事を世人は好んで口にするが、「化かされた阿呆」である。川端康成は、小説など一つも書いてはいない。
>
> ——小林秀雄『川端康成』

ふつうの小説家とは違って、川端康成にはおよそ社会的な関心というものがない。その関心の薄さは並外れている。そういう意味のことをこの批評家は「小説など一つも書いてはいない」という言い方で表現する。仮に、「川端康成は通常『小説』と呼ばれている概念から大きくはずれた作品を書く」という書き方をしても情報の点ではそれほどの差はない。が、小林秀雄はそんな程度の生ぬるい表現に甘んじてはいられなかったのだろう。

川端文学の特質を正しくとらえた、しかも好意ある批評文の中で、一刀のもとに斬り捨てる小林流の批評のリズムは、このあと、「彼が、二人の男、二人の女さえ描き分ける才能を持っていないのを見給え」と、まるで小説家失格の引導をわたすような言い方にまで発展する。ある種の感動から来るそうした激越な心情が、ここまでの極言に導くのだと言えるだろう。

ある表現が誇張であるかどうかの判断はつねにむずかしい。井上ひさしの『自家製文章読本』に次のような一節がある。

　最後の文の上にかぶせられた「だから」には、「日本文学史を通して、もっとも美しくもっとも効果的な接続言」という讃辞を贈りたい。ここでは接続言は思考の操舵手や転轍機であることをはるかに超えて、ばあやの後生をねがう坊さまにまでなっている。「だから」の三文字は百万巻の御経に充分拮抗し得ているのである。

最後の文というのは、漱石の小説『坊っちゃん』の結びの一文、すなわち、「だから清の墓は小日向の養源寺にある」のことである。坊っちゃんが松山と思われる土地から東京に戻り、その足で清のところに顔を出す。すると、清は「あら坊っちゃん、よくまあ、早く帰って来て下さったと涙をぽたぽたと落した」と書いてある。その清はやがて肺炎にかかって死ぬのだが、その前の日、「後生だから清が死んだら、坊っちゃんの御寺へ埋めて下さい。御墓のなかで坊っちゃんの来るのを楽しみに待って居りますと云った」とあり、それに対して「だから」と続くのである。

これが「誇張法」であると言うためには、厳密に言えば、書き手である井上ひさしがその「だから」を実際に「日本文学史を通して、もっとも美しくもっとも効果的な接続言」と思っているかどうかが一つの鍵になりそうだが、実は、ここでの問題は「だから」という接続詞そのものではない。清の願いをそのまま受け入れた坊っちゃんの心情、それをすなおに「だから」と簡単に済ませた漱石の思い、それがここで比較の対象になっている「だから」なのだ。その意味での「だから」と「百万巻の御経」とで、清の後生を願うのにどちらが効果的だと井上ひさしが信じているのかという点で、そこが誇張であるか否かが決まるはずだ。本来はそうなのだが、実際には常識から判断することが多い。表現効果というものが読者側にあらわれるものだとする以上、書き手の修辞意識からではなく、読み手が常識から「誇張」と判断することは、それほど的はずれとは言えないはずである。

　頭の痒いのは、新建てで壁が乾いていない為だと云う者があった。眠っている間でも、夢中で頭を掻きちらし、朝になって見ると、枕のまわりに、夜通し毟(むし)り取った髪の毛が、掃き集める程散らばっていた。
　起きている時でも、どうかした機(はず)みで、頭の方方が痒くなって来た。痒いところは無闇に痒くて、引っ掻いても、叩いてもまだ気がすまない。いらいらして、片づかない気持の持って行き所がなかった。それで屢(しばしば)、家内喧嘩が起こった。（中略）
　洗わない養生法の方が、不精者には適するので、今度はその儘(まま)にほうっておくと、頭の痒さは言語に絶する様になった。しまいには、自分で掻いたのでは、いくら掻きむしっても虫がおさまらない。どうしても人に掻いて貰わなければ、承知出来なくなって来た。妻は始めから逃げを張り、女中には云いにくいし、子供は小さくて役に立たないのである。するとお貞さんが、無茶苦茶なところがあって、その役目を敢然と引き受けてくれた。私が新聞をひろげて、両手で顔の前に受けていると、お貞さんは後に廻って、私の頭を縦横無尽にひっぱたいて、掻き廻した。自分の頭が三角になる様で、私は痛快の感に堪えない。

――内田百閒『掻痒記』

右の文章がほんとうに誇張であるかどうかも、厳密な判断はむずかしい。百閒自身の執筆時の意識が今となってはたどりえない以上、むろん正確な判断はできない。しかし、掻きむしった髪の毛が「掃き集める程散らばっていた」とか、痒みがおさまらないせいで「家内喧嘩が起こった」とか、「頭の痒さは言語に絶する様になった」とか、お貞さんが「私の頭を縦横無尽にひっぱたいて、掻き廻した」とか、その折に自分の「頭が三角になる様」だったとか、どこまでが事実で、どこからが実際を超えた表現であるかという区別はつかないにせよ、このような表現は、少なくとも結果として、読者に誇張表現の面白さを味わわせることは確かである。そして、この作品の少しあとには、身体の大きな女中が、「毎朝顔を洗う金盥に薬を入れて、膝頭の大きな腫物を洗っていた」現場を目撃した妻の話を聞いて気味が悪くなった話が出てくる。そのときの気持ちを「家の中じゅうおできだらけになる様な、いやな気持がした」と百閒は記している。このあたりになると、もっとはっきりと誇張表現の効果が発揮されると考えていい。

45

逆説

常識を逆なでする

「逆説」は、表現の奥に、そう言われてみて読者がはじめて思い当たる一面の真理がひそんでいる。読者がその思いがけない真理に唐突に出会う楽しさ、そこに逆説の本領がある。したがって、ものごとの論理を順々に説いていったのでは、そういう面での効果は薄い。そこまでの思考の過程を表現せず、到達した結論だけをいきなり相手にぶつけたほうが効果は大きい。

今ではもう、ひと昔もふた昔も前のことになるが、ある勤務先に向かうバスの中で、こんな対話が聞こえてきた。なんでも自家用車がどうにかなってタクシーに切り換えたが、そのために金がかかってしょうがない、というようなことを中年の男が自分の同僚らしい男に話している。

タクシーを使うと金がかかるというのは、世間の常識だ。しかし、この男の場合、その理由が少し違う。タクシーのほうが「安上がりだが高くつく」というのだ。自家用車をもつと、ガソリン代だけでなく、保険料や修理費、車検や定期点検の費用など、いろいろ出費があって維持費がかかる。年間の出費となると、ちょっとやそっとの金ではない。それだけの金をタクシーにつぎこめば、それこそふんだんに乗りこなせるだろう。そう考えれば、たしかに、「タクシーのほうがかえって安上がりだ」という理屈もわからないではない。

ここまでの理屈は、読者がなるほどと思うだけの説得力がある。問題は、そこから「けれども高くつく」にどうつながるかだ。同僚らしい人物も、そのとき、けげんな顔をして、それはどういうことかと説明を促す。男がおもむろに始めた説明はこうだ。

家を出るたびにタクシーを使うというような贅沢な暮らしをしていると、その贅沢が身についてしまう。そうなると車に乗るときだけでなく、日常生活の他の面でも暮らしぶりが贅沢になってしまうのだという。なるほど、そんなものかと感心したことを覚えている。

そのとき、同僚の男は、「はじめから、そういうふうに言えばわかるんだよ」と、わかったような、わからないような相手の話の切り出し方を非難した。しかし、このような逆説ふうの言い方によって相手に衝撃を与え、印象を深める効果をあげたことは確かだ。「安上がりだが高くつく」という表現は、「一つ贅沢すれば贅沢は一つでは済まない」という、ふつうはちょっと気づきにくいような、小さな真理を照らしだした。いかにも逆説らしい効果を目撃した日常のひとこまであった。

逆説という話になれば、何といってもあの小林秀雄の名前を出さないわけにはいくまい。ここでは『井伏君の「貸間あり」』という批評文の一節を取り上げてみよう。

文学を解するには、読んだだけでは駄目で、実は眺めるのが大事なのだ。

日常の論理ではうまく伝えきれないものが出てくると、この批評家はよく、こういった逆説的な言い方に訴える。それはあたかも常識を逆なでする表現だ。

世間のふつうの考え方でいけば、本というものは「眺める」より「読む」ほうが当然よく頭に入る。ところがここでは、「読む」より「眺める」ことのほうが大事だと、いかにも自信たっぷりに書いてある。これはいったいどういうことだと、読者は一瞬立ち止まる。

この矛盾を解決すべく、読者はそこで「眺める」ということばにこめた作者の真意を探ろうと積極的に思いめぐらすだろう。ここでの「眺める」ということばは何か特別の意味で用いているのではないか……たっぷり時間をかけて内容をじっくりと読みこなすという意味だろうか……それとも、作品の中にあまりのめりこまずに、少し距離をおいて全体像をとらえようとするという意味だろうか……あるいは、その文章中に述べられていることを基礎データとして、そこに書かれていないその先を見通すという意味なのだろうか……。

こんなふうに、いつのまにか読者は、積極的にその文章の中に入りこんでいく。改めて考えてみると、文学作品を対象とした深い〝読み〟というものは、今あれこれ想像してみたような行為を含んでいることに気づく。ひょっとすると、「眺める」という語は、そういった個々の行為ではなく、そのような全体の行為を象徴的にあらわすために小林秀雄が特に選んだ動詞だったのではないか。そんな考え方に発展するかもしれない。

いずれにしろ、そう考えめぐらしている間に、賢明な読者は、「文学を解するには、読んだだけでは駄目で、実は眺めるのが大事なのだ」という矛盾感に満ちた表現に対する自分の抵抗感が、いつしか失われていることに気づくだろう。こうして逆説は、その摩擦感をばねとして、平凡に書いたのでは思い至らない側面を照らしだす。普段は気づきにくいものごとの一面の真理に読者の目を開かせるのである。

尾崎一雄の心境小説『虫のいろいろ』の中にも、逆説めいたおもしろいエピソードが登場する。ある種類の蜂は体に翅(はね)をそなえてはいるものの、その翅の面積や空気を搏(う)つ振動数などを調べると力学的に飛行できるほどの力をもっていないという。ところが現実に、その蜂は平気で空を飛んでいる。つまり、「自分が飛べないことを知らないから飛べる」のだという愉快な話である。

科学よ驕(おご)るなかれという皮肉な響きも感じさせるが、そんな大げさな時代批判ではない。実は、この話は、次に述べるエピソードの後で、その反対の例として語られているのである。蚤に曲芸を仕込むときは、まず、蚤を小さな丸いガラス玉の中に入れる。当然、蚤は中で跳ね回ろうとするが、周囲はガラスに囲まれていて自由に跳ねることができない。さんざん失敗を繰り返しているうちに蚤は、「若しかしたら跳ねるということは間違っていたのじゃないか」と思うようになり、しまいにはどんなことがあっても跳ねなくなるという話を本で読んで、「私」は憂鬱な気分になる。蜂の話は、そういう気分を晴らすために友人が持ち出したのである。「自分が飛べないことを知らないから飛べる」というのは、論理的に通らない。しかしその話の前に、ガラス玉をこわして解放してやっても、蚤はもうけっして跳ねないという話が出ている。つまり、能力的には「跳ねられるのに跳ねない」蚤の話がまずあり、蜂の話はその反動として出てくる。そういう文章展開の構造により要素間の矛盾が間接化されて、摩擦感が緩和されるのである。一般に逆説の表現につきまとう激しさやとげとげしさのようなきつい感じが影をひそめ、むしろ、どこかとぼけた味わいさえを感じさせる表現となっているのである。

表現の上でのこのようなゆとりが意味の幅を喚び起こす。その幅が論理のすきまをふさぎ、そのあたり一帯の文意の輪郭をぼやけさせる。気がついてみると、それまで非論理的であったはずのその表現に、何となくもっともらしい雰囲気が漂っている。はじめは、そんなばかげた話があるか、と一笑に付していた読者がまじめに考えだす。自信を失ったばかりに自分の実力を発揮できずに失敗してしまった経験や、その反対に、火事場の馬鹿力にも似た、自分にも思いがけない能力が出てきて奇跡的な成功をおさめた人の話などを思い出し、その奇妙な論理を読者は一蹴できなくなっていることに気づく。明らかにナンセンスであった表現が、こうしてその背後の意味を結果として伝えてしまう、という信じがたいことが現実に起こるかもしれない。

ある表現が、凡人には普段気がつかない対象の一側面を照らしだすことがある。誤解されるリスクを覚悟の、そういう表現の試みを重ねて、やがてその対象の全体像を明るみにだすこともあるだろう。そのような奇跡を可能にするのは、こういう挑戦的なレトリックの精神であると言えよう。そして、その前衛に位置する創造的な「逆説」こそ、もっとも危険でもっとも強力な表現技法なのである。

III

〈磨く〉文体をしなやかに

46 書き出し

もう読まずにはいられない

書き出しの一行はその作品に招じ入れる玄関のような機能をはたす。「死があたかも一つの季節を開いたかのようだった」という堀辰雄の『聖家族』の書き出しは小粋な洋館、「司馬遷は生き恥さらした男である」という武田泰淳の『司馬遷』の書き出しは禅寺、「今日は、陸軍大臣が、おとうさまのお部屋を出てから階段をころげおちた」という同じく武田泰淳の『貴族の階段』の書き出しは、洒脱な白髪の人が住む斜陽の名家という趣だ。それぞれに個性があるが、その先を読まずにはいられない気分に誘われる点は共通する。

モウパッサンはバッシイの養老院の庭で、小石をばらばら花壇に投げつけていったそうだ。

「来年の春になって雨が降ったら、こいつがみんな芽を出して、小さなモウパッサンが生えるんだ……」

こんな話をすると誰もが一応面白がる。モウパッサンの文学などに何の関心も持たぬ連中でも面白がる。ゴシップの興味というやつだろう。

——高田保『ブラリひょうたん』

新聞のコラムの文章、さすがに冒頭文からして読者の気を引く書き出しだ。何の前置きもなくいきなり、「モウパッサンはバッシイの養老院の庭で、小石をばらばら花壇に投げつけていったそうだ」と始まる。何と言ったという情報が含まれていない。だれでも、モーパッサンがそのとき何と言ったのか知りたいから、つられて次を読む。すると、来年の春になって雨が降ったら、花壇にばらまいたその小石から芽が出て、小さいモーパッサンが生えるなどというばかげた話が出てくる。せっかく読んだのになんだか損をしたような気分になると、筆者はすかさず、「こんな話をすると誰もが一応面白がる」と、くだらないゴシップを追いまわす人間の本能的な好奇心に対する諷刺のことばを続ける。ばかばかしくなりかけた読者は、ほうり出すわけにいかなくなり、どうしてもその次を読まされるはめになる。自分で馬鹿だと決めつけるこの奇才が、小利口な読者を逆に手玉にとり、しまいにはとりこにするこのエッセイを象徴するような冒頭である。

冒頭と結末が照応し、全体が整然と脈絡の通るような書き出しがある。「或日の暮方の事である。一人の下人が、羅生門の下で雨やみを待っていた」と書き出し、「下人の行方は、誰も知らない」と結ぶ『羅生門』や、「禅智内供の鼻と云えば、池の尾で知らない者はない」と書き出し、「長い鼻をあけ方の秋風にぶらつかせながら」と結ぶ『鼻』など、芥川龍之介の作品に例が多い。

前置きなしに作品に入ることもある。円地文子の『妖』は、「その静かな坂は裾の方で振袖の丸みのように鷹揚なカーブをみせ、右手に樹木の多い高土手を抱えたまま、緩やかな勾配で高台の方へ延び上っていた」と、いきなり「その」という指示語で始める。宇野浩二の『蔵の中』のように、「そして私は質屋に行こうと思い立ちました」と初めから接続詞で書き出す作品さえある。安岡章太郎の『驢馬の声』ではこう始まる。

行こうか？
行くまいか？
動員が下って以来、加介は一日中そのことばかりを考えていた。

こんなふうに「加介」という主語を遅れて出す。

本文を始める前に、その導入部として、いわゆる「まくら」をふって作品に入るタイプの冒頭もある。太宰治の『桜桃』という短編は、「われ、山にむかひて、目を挙ぐ」という詩篇第一二一を引用して題脇とし、そのあと「子供より親が大事、と思いたい」と本文を始める。

書き手側にとっての書き出しは、作品全体という一つの大きなかたまりのうちのごく小さな部分にすぎない。しかし、読む側にとっては、入り口に置かれた最初の一文をとおしてその作品世界に導入されるのである。

特徴のある書き出しの例をいくつか見てみることにしよう。

その白い哀れな生きものは、日に日に瘠せおとろえてゆくばかりで、乳も卵もちょいと眺めただけで振かえりもしなかった。

——室生犀星『愛猫抄』

円地文子の『妖』と同様、作品をこのように「その」などと指示語で始めることがある。それはおそらく、読者が身構えるより前に、作品の内と外とのギャップを埋め、その作品の中にスムーズに引き入れようとする配慮なのであろう。この例の場合は、そのあと、猫とさえ限定せずに漠然と「生きもの」という形で主体を登場させる。そうすることで、ぼんやりとした作品世界を提示し、作品の異様な雰囲気を伝えるのにふさわしい書き出しとなっている。

「こいさん、頼むわ。——」

鏡の中で、廊下からうしろへ這入(はい)って来た妙子を見ると、自分で襟を塗りかけていた刷毛（はけ）を渡して、其方（そちら）は見ずに、眼の前に映っている長襦袢姿の、抜き衣紋（えもん）の顔を他人の顔のように見据えながら、

「雪子ちゃん下で何してる」

と、幸子はきいた。

――谷崎潤一郎『細雪』

作品の初めにいきなり会話が投げ出してある。しかも、それがだれのことばであるかも示さない。また、妙子を見ている人間、刷毛を渡して鏡の顔をまるで他人の顔のように見据えている人物がいったいだれなのか明かさないままに文章は進行していく。読者は引き込まれて次を読むような仕組みになっているのだ。幸子の動作や、幸子の目に映ったものだけが映像として流れていき、その主体がなかなか画面に姿を現さないこの書き出しを、優雅な入り方だと評する人もある。

すぐれた書き出しが数ある中で、冒頭にあざやかにすえた一行として特に印象に残っているのが、島崎藤村の『夜明け前』である。

木曽路はすべて山の中である。あるところは岨（そば）づたいに行く崖の道であり、あるところは数十間の深さに臨む木曽川の岸であり、あるところは山の尾をめぐる谷の入口である。一筋の街道はこの深い森林地帯を貫いていた。

まさに大長編の幕開けにふさわしい雄大なスケールの書き出しだ。作者はその世界をいったいどこから眺めわたしているのだろうか。これは「どこから見ても、木曽路はみな山の中だ」というふうに浮遊する視点とは性質が違う。「木曽路はどこまで行っても山の中だ」というように線状にたどっていく視点とも異なる。また、「木曽路はどこもかしこも山の中だ」というふうに対象を面として舐めまわす視点とも異質である。冒頭の一文は一枚の鳥瞰図だ。あるいは、一葉のパノラマ写真を連想させる。いずれにせよ、高い場所から木曽路全体を一望した感じの表現となっている。冒頭の一文でまず一瞬のうちにその全貌をつかみ、次にそれを「あるところは……」「あるところは……」と具体的に説明する。細部の描写から入る帰納的な書き出しとは逆に、いわば演繹的な入り方をしていると見ることもできよう。

もうこれよりほかに表現の仕方がありえないと思えるほど、この雄大な冒頭はこの作品の顔になりきって、長大な一編をとりしきっている。

47 結び

ギュッと締めて、フワッと放す

昔話や童話などでは「めでたし、めでたし」という感じで終わる例が多いが、小説や随筆で類型的な結び方になるのは好ましくない。しかし、わざとらしい突飛なオチをつけて結ぶのも、作者の小賢しさだけが目立って印象がよくない。読者にあっと言わせるどんでん返しの結末も、二度目には鼻についてかえっていやみになる。また、いかにもラストシーンを思わせる結びらしい結びというのも新鮮みがない。話の途中で強引に切ったような結びは邪道だ。とはいえ、ただだらだらと終わってしまうのも、作品としてのしまりがない。あれもだめ、これもだめとなると、それではいったいどう結ぶのがいい終わり方なのかと見通しが暗くなるかもしれない。

作品はこう結ぶべきだという一定のルールはない。プロの作家といえども、人によってさまざまなタイプがある。「終わりの一行が頭に浮かばないと書き出さない」という徹底したタイプもあれば、だいたいの方向に向かって書き進めていくうちにおのずと終わるというタイプもある。いずれにせよ、そこは一つの作品の締めの部分であるだけに、冒頭と並ぶ表現の工夫の重要な見せ場であることは間違いない。万能の法則はないが、いくつかの定跡めいた書き方はあるようだ。とにかく、さまざまな結びの例を見てみよう。まずは余韻を残した終わり方である。

老婆はつぶやくような、うめくような声を立てながら、まだ燃えている火の光をたよりに、梯子の口まで、這って行った。そうして、そこから、短い白髪を倒（さかさま）にして、門の下を覗きこんだ。外には、唯、黒洞々たる夜があるばかりである。

下人の行方は、誰も知らない。

――芥川龍之介『羅生門』

小説なら小説という一編の作品世界をきちんと額縁におさめることで定評のある芥川の、いかにもこの作家らしい結びだ。短編の最後を飾るみごとなフィナーレと言っていい。「黒洞々（こくとうとう）たる夜があるばかりである」という水際立った一句であざやかにきめたところで、ひらりと改行し、「下人の行方は、誰も知らない」という一文を置き去りにする。老婆が下人の姿を見失ったとき、読者の目の前からもそのイメージが消える。そして、黒洞々たる夜の闇が果てしなく広がって作品の場面はぷつりと切れる。門の前から姿を消した下人の行方、その後の行動や生き方までが、すべて読者ひとりひとりの想像にゆだねられる。「下人の行方は、誰も知らない」という最後に投げ捨てられた一文は、作品の現実場面とは別の次元から放たれたメッセージなのだ。結びでこんなふうに作者に突き放された読者は、心理的にゆさぶられ、むなしく作品世界の残響を聞く。

すぐ目がくらんで、部屋の中が廻り出したのも、この前の時と同じだった。「汚い部屋」と葉子は思った。窓の外で子供たちの声が高くなった。頭も体もしびれて感覚がなかったが、声だけひびいていた。窓からのぞいて、呼んでいる。
「白っ子、白っ子」
からかうような声だった。それから闇が来た。

――大岡昇平『花影』

この作品はいきなり、「葉子は最初から男のいうことを、聞いていなかったかも知れない」と始まる。ここに引用した結びの一節はその唐突な冒頭と密接に呼応してはいない。しかし、第一章にも、その葉子が近所の男の子にはやしたてられた幼い日の思い出が語られ、最後にあたるこの第十八章にも、「通りすがりの人が振り返って行くような綺麗な子供だった。拾われて、可愛がられた『白っ子』が、これから死のうとしているのだ」と、まるで人生を総括するかのような言い方でくりかえされるあたりを考え合わせると、この結びの部分は、幼いときから今、自分の目の前に闇がやってくるまでの葉子の一生の総まとめとして、この長編全体を締め括る働きをしているように思われる。

また、第二章の終わりにはこうある。

> 二人で吉野に籠ることはできなかったし、桜の下で死ぬ風流を、持ち合せていなかった。花の下に立って見上げると、空の青が透いて見えるような薄い脆（もろ）い花弁である。日は高く、風は暖かく、地上に花の影が重なって、揺れていた。
> もし葉子が徒花（あだばな）なら、花そのものでないまでも、花影を踏めば満足だと、松崎はその空虚な坂道をながめながら考えた。

福田恆存はこの一節を「現代日本語の散文によってなし得る最高の表現」と讃美し、最終章の葉子の自殺を描いた箇所に照応する作者の歌であり、泉のように吹き上がって形づくる美しい詩であると位置づけている。作品の初めと終わりというだけでなく、作者の主観が一編を有機的に統合している証左となるだろう。

末尾に衝撃的な一句を投じることで、作品を断ち切る結び方もある。

> もし、彼がキリストの変身であるならば——
> もし彼が真に、私一人のために、この比島の山野まで遣わされたのであるならば——
> 神に栄えあれ。
>
> ——大岡昇平『野火』

病気で軍隊から落伍し、フィリピンの山野を彷徨する一兵士の孤独、生の限界をたどる意識と狂気、それに人肉食いの問題をからめてつづる作品だ。この倫理的に潔癖な死者の書を、作者は「神に栄えあれ」の一句で閉じた。

作者が青山学院在学中にふれた『聖書』の影響がこのような奇妙な形で現れた結末だが、外国のキリスト教徒なら「神に栄えあれ」というような句で一編の小説を終えることはできない。しかもこの結びでは、その「栄えあれ」の前に、その神が「私一人のために、この比島の山野まで遣わされたのであるならば」という条件がついている。作者が自ら「あれは異端の書」だと主張するとおり、神への冒瀆を犯した結びと言えるのだろう。

二本の桜の細々とした冬枝越しに、真赤な巨きな太陽が、登利の真向いにあった。元日の夕日であった。

黒い屋根屋根の上で、それは弾んでいるようにも見え、煮えたぎって音を立てているようにも感じられた。窓に身を任せた登利は、深々と息を吐き、板の間へ膝を突いてしまった。

激しい情欲が迫り、煮えたぎる太陽の中へ、遮二無二躍り込んで行く体を感じた。太陽はその間も、一瞬ごとに沈んで行った。

小ぢんまりとした、古い二階家だった。
床の間に供えられた小さな鏡餅には、もう罅（ひび）が入っているようであった。

——永井龍男『冬の日』

永井龍男は、枯淡な文章をつづる名文家として知られているが、ここに引用した箇所はそういうイメージとは大分違う。ただ、この作家はひとしきり血がさわいでも、興奮したまま終わりはしない。右の例でも、その燃えあがった表現を結びの二つの文でみごとに鎮静してしまうのだ。

以前、吉行淳之介の口からこういう意味のことを聞いたことがある。短編で一番いけないのは、すとんとオチがついて終わるものだ。あれは衰弱だな。「だから、そこを警戒しつつ、一回ギュッと締めて、パッと広がして終わらすということを心がける」。「さりとて、曖昧にぼかしてもいけない」。「終わってギュッと締めて、フワッと放してふくらます感じを出す。それはあくまでも明晰な広がりでなくちゃいけない」。「わざと終わりを削って曖昧にして効果を出すというのは、僕は邪道だと思うんだ」。——終わったことに気づかず、読者が「次のページをめくりそうな終わり方」をした作品が自分にもあったことを、この短編の名手はすなおに認めたうえで、そういった自戒の念をこめつつ自らの理想を語ったことばだったのだろうか。

一編の文章の結びであるからには、やはり一度ぎゅっと締める必要はある。が、締めたまま終わるのではなく、握りしめた手をふわっと緩めるのが、文学作品を閉じる際のコツだということになる。小島信夫が、ちょっと違和感のあるものを最後にぶちこんで作品を結ぶのは、そのふわっと緩めることと直接はつながらないが、まだ何かが残っているという感じをちらっと見せるという点では共通する。「もう一つ別の世界を抛り込んでやめる」と、「新しい空間がいろんな可能性を孕んでそこに広がってゆく」のだと小島は言う。永井龍男の『冬の日』の結びもまた、一度ぎゅっと締めたあとふわっとふくらます働きをする、もう一つのタイプのように思われる。

48

視点

カメラワークを意のままに

客観的事実を述べた文章は、冷静に論理的な文章を展開させるための基本的な軸となり、主体の存在を感じさせる文章は、時に抒情的な味わいを見せて読み手の感動を誘う。

> 道子の恋は一歩退いていた。これはそれだけ勉の恋が進んだためにほかならず、道子は自分が退いても、勉との距離が依然として変らないのに安心していた。従って、勉がいくら進んでも、それだけ彼女は退くことになる。このように、困難な情事においては、女の恋はそれを職業か偏執とする女でない限り、なかなか過度には到らないものである。
>
> ——大岡昇平『武蔵野夫人』

この文章には、すべてを知り尽くした神のような立場で作品の世界を創り出す作者の視点が感じられる。「道子の恋は一歩退いていた」と判断できる視点、その理由として「勉の恋が進んだため」ということを認定できる視点、「勉がいくら進んでも、それだけ彼女は退くことになる」と物語の渦中にある登場人物の未来の可能性を確実に予言できる視点、「困難な情事」における「女の恋」に関する一般的な傾向を「……ないものである」と説いて聞かせる視点である。

つまり、この作品はその世界全体を見透す視点で書かれている。作品世界の内部に眼を置いて、いわば場面の現場から中継で伝える場合に比べ、読者側で特定の作中人物への感情移入が起こりにくい。それだけ客観的な記述という印象が強まる。読者にとってべたべたしない乾いた感触を与えるのはそのためだろう。次に紹介するのは、村上春樹『風の歌を聴け』の一節だ。

彼女は少し微笑むようにして肯(うなず)いてから小刻みに震える手で煙草に火を点けた。煙は海からの風に乗り、彼女の髪の脇をすり抜けて闇の中に消えた。

「微笑むようにして」とある。彼女の顔の表情の変化を「微笑む」と断定せず、そう見えるというレベルの表現に抑えたわけだ。ということは、作中の場面をすべて知り尽くした作者の立場をとっていないことを意味する。また、かといって、その「彼女」の内側に入り込む気持ちをもつでもない。むしろその対象と一定の距離を置き、突き放した感じの視点で描いているように思われる。視点のこのような性格が、作品を読んだ後のそっけない感じを引き起こすのだろう。

　場所は「人気のない突堤の倉庫」の前だ。彼女はそこの「石段に腰を下ろし」ている。たばこの煙が「海からの風に乗り、彼女の髪の脇をすり抜けて闇の中に消えた」とあるから、読者は、海のほうを向いて「煙草に火を点けた」彼女を斜め前から見ている視点を自然に想像する。もし彼女を真正面から見ているのだとすると、そのときの視点の位置は当然「海からの風」を背後から受けることになる。海を見ていないで「海からの風」と表現するのは不自然で、また、その分、観念的な感じにもなる。一方、真横から見ていると仮定して、その際の視点を考えてみると、左か右かが「海」、その反対側が「闇」ということになって、「海」「彼女」「闇」という見え方が広がりとして自然さを欠く感じになる。結局、彼女の背後の闇を、左や右に見るのではなく、いくらかでも前方に寄った位置から奥行をもって眺めていると想像するのが、視点の解釈としてもっとも無理がないように思う。このあたりの表現ではまだ微妙で、視点の位置についての解釈にある程度の幅がありそうだが、次に、眼の位置がもっとはっきりしている例をあげよう。

　　高い場所から見下ろしている彼の眼に映ってくる男たちの扁平な姿、ゆっくり動いていた帽子や肩が、不意にざわざわと揺れはじめた。と、街にあふれている黄色い光のなかを、煌(きら)めきつつ過ぎてゆく白い条(すじ)。黒い花のひらくように、蝙蝠傘(こうもりがさ)がひとつ、彼の眼の下で開いた。

——吉行淳之介『驟雨』

驟雨すなわち突然にわか雨に見舞われたときの道行く人びとの動きを活写した箇所である。「高い場所から見下ろしている」と明記してあるから、通行人を眺める視点が高い位置にあると考えるのが自然だ。この一節は、その高い位置から見る視点の性格を表現として正しく描き出している。まず眼につくのは、「男たちの扁平な姿」というとらえ方だ。高い位置から直角に近い角度で見下ろすときに視線に映る姿を正確に描いた書き方だ。次に、「ゆっくり歩いていた」ではなく、「動いていた」となっている点に注目したい。ここも、人間が歩くのを上方から見ると、扁平なものが移行するように見えるからである。その動く主体が「人」や「男」ではなく、「帽子」や「肩」となるのも真上から眺め下ろすからだ。

雨についても、そういう視点から感覚に忠実に描いている。はじめから「雨」ということばを記さず、「白い条」として描写していく。「雨」という空間的な広がりとしては描かず、現場の生きた視点から、夜の街の光の海に白く光りながら突き刺さっていく幾本かの線として、感覚的に描きとるのだ。そういう視点でとらえるからこそ、傘も「黒い花のひらくように」開くのである。いずれも修辞的な形容で文章を飾った表現ではない。ほとんど垂直に近い角度で見下ろしたときのイメージを、感覚的に正確に描写しているのである。カメラワークは自在だ。

こまかい雨が川面にも桜の葉にも土手の砂利にも音なく降りかかっている。ときどき川のほうから微かに風を吹きあげてくるので、雨と葉っぱは煽（あお）られて斜になるが、すぐ又まっすぐになる。ずっと見通す土手には点々と傘（からかさ）・洋傘（こうもり）が続いて、みな向うむきに行く。朝はまだ早く、通学の学生と勤め人が村から町へ向けて出かけて行くのである。

——幸田文『おとうと』

雨の朝の出勤時間の光景だ。川沿いの道を急ぐ人びとのようすを淡々と描いているように見えるが、すべてを心得た神のような視点で書いているわけではない。どこかにひとりの人間の眼のようなものが感じられる。それを表現対象の選択と描写の角度という面から検討してみよう。

雨というものは、いくら局地的ではあっても、降る場所には物を選ばずに降る。それがなぜこの小説では「川面」や「桜の葉」や「土手の砂利」に降るのだろう。また、どういう理由で「川面」「桜の葉」「土手の砂利」という順番にとりあげられるのだろうか。その疑問を解くためには、そこの情景のうちからだれかが特にその三つをそういう順にとらえたと仮定すれば説明しやすい。そして、この視点は動いている。弟が癇癪（かんしゃく）を起こして雨の中を傘ももたずに飛び出す。それを見た姉が傘をもって必死に追いかける場面だ。その急ぎ足の姉「げん」という人物の眼に、それらがそういう順に映る。作者はその「げん」の眼に視点を重ねて表現しているのである。

次の文の「川のほうから微かに風を吹きあげてくる」という書き方も同じだ。川風にあおられて雨脚がときどき斜めにゆれる。そのこと自体は客観的な現象と言っていいが、その風を「吹きあげてくる」というふうに「……てくる」という形で書くのは客観的な書き方ではない。「……てくる」ととらえるのは、その風が自分側に近づくからであり、その川から吹く風を体に受ける位置に視点があることを示す。

「ずっと見通す土手には」と書いてあるとおり、「げん」は遠くまで見通しのきく土手の道を急いでいると読むことができる。通行人を「みな向うむきに行く」と表現するのは、朝早く通学あるいは通勤する人びとの群れと同じ方向に、「足達者な人たちを追いぬき追いぬき」「駈けるように砂利道を行く」その「げん」という人物の眼を視点にして人の流れをとらえているからだ。

ここを仮に、「こまかい雨が降っている。ときおり川風を受けて桜の枝がゆれる。雨脚も斜めになったりまっすぐに戻ったりする。そんな中を、げんは傘を小脇に抱え、弟のあとを追いながら土手の上の砂利道を急いでいる。からかさやこうもり傘をさした人たちが町に向かう土手の朝である」というふうに書いてあったものと想像してみよう。その場合は、読者はただそういう「げん」の姿を平静に目で追うだけでいい。しかし、ここで作者はカメラワークを意のままに、原文のような「げん」の内側から周囲の対象を見ている表現を採択した。それに応じて、読者も自然「げん」の眼の位置から情景をとらえるような読み方になる。その結果、「がむしゃらに歩いて行く」弟の後ろ姿を「げん」の眼から見つめているような感覚に陥り、読者はまるで自分自身も細かい雨にぬれながら「せっせと追いつこうとする」ような気分になるのである。

以上の分析で、表現するうえでの視点の性格というものが、読者への伝達効果という面で大きな働きをしていることがはっきりした。小説の一場面が読者に生き生きと感じられるとき、作中人物の息づかいが自分の耳のわきで聞こえるような思いになるとき、あるいは逆に、物語場面が遠い絵のように青くかすむように見えるとき、読者は作品にしつらえられた視点が有効に働いていることを実感できるだろう。

49

心のひだを映し出す

昔から喜怒哀楽という語で感情を代表させてきた。しかし、人間の気持ちが喜・怒・哀・楽という四つで表現し尽くせるわけではない。「心理」「心情」「感情」「情緒」「気持ち」「心持ち」といったことばで指し示す、人間のあるときの精神状態は実にさまざまだ。

文学作品の実例分析をとおして、人間の気持ちの表現を考察した結果、次の一九種類の感情が抽出できた。喜・怒・苛・悲・淋・鬱・悄・苦・安・悔・昂・感動・好・嫌・憎・驚・怖・恥・惑がそれである。ただし、このままでは互いの境界線がはっきりしない箇所があるため、〈悲〉と〈淋〉とを「哀」としてまとめ、〈鬱〉〈悄〉〈苦〉〈悔〉〈嫌〉〈憎〉〈惑〉を「厭」として一括し、〈苛〉〈昂〉〈感動〉を「昂」として括ると、結局、「喜・怒・哀・怖・恥・好・厭・昂・安・驚」という一〇種類にまとまる。『感情表現辞典』(現行版は東京堂出版)を世に問うにあたり、その一〇種類と、二種類以上の混じり合った「複合感情」とを立て、その部立てのもとに、それぞれの感情を表現する語句、および文学作品から採集した実例を整理して掲げた。

〔喜〕お酒が出たら好い御機嫌になり、お気に入りの女中の酌を受けたり差したりして涎（よだれ）が垂れそうな嬉しい顔になる。

——内田百閒『実説艸平記』

〔怒〕血管を逆流してくる憤りのために、その場で私は昏倒（こんとう）してしまった。

——小島信夫『小銃』

〔哀〕地の底にめいりこむような淋しさが厚い氷のように身体も心も冷たく凍りつかせるのを感じた。

——田宮虎彦『荒海』

〔怖〕薄いガラスの壺——くしゃみをしただけでも、粉々に砕け散ってしまいそうな、紙よりも薄いガラスの壺——に、閉じ込められたような気持で、待ちつづけた。

——安部公房『他人の顔』

〔恥〕羞恥がはげしくこみ上げて来た。人馴れない小児が、ある時あらわすような異様な羞恥だった。

——永井龍男『一個』

〔好〕女の人の心にはいつもピアノのような音色があるという意味なんだよ、愛情だってピアノが鳴るようなものじゃないか。

――室生犀星『杏っ子』

〔厭〕ひどく憂鬱で絶望的で、不吉な気分が胃の底から頭まで雨雲のように広がり、惨めに唸り声をあげる死にかけた鼠かなにかなのだと、彼女は自分のことを考えた。

――金井美恵子『夢の時間』

〔昂〕穴山の動作があたりにただよわすものが単なる悪ふざけ以上のものになり、四囲の空気が緊迫感を増すにつれ、ベトベトした淫猥（いんわい）はなくなり、身内にしみとおるような緊張が私を襲った。

――武田泰淳『異形の者』

〔安〕その安らかな心もちは、あたかも明け方の寒い光が次第に暗（やみ）の中にひろがるような、不思議に朗らかな心もちである。

――芥川龍之介『枯野抄』

〔驚〕「うちでは玄関で風呂をたてているよ」

ある時井伏鱒二にそう云ったことがある。すると彼は目を丸くして、

「君とこの玄関は、随分たてつけがいいんだね」と云った。これには、こっちがま

た目を丸くした。

――尾崎一雄『玄関風呂』

きりがないので各類わずか一例ずつにとどめたが、この一〇例を読んだだけでも、実にさまざまな感情表現があるのに驚くだろう。「涎が垂れそうな嬉しい顔」がある。「血管を逆流してくる憤り」がある。「地の底にめいりこむような淋しさ」がある。「ピアノが鳴るような」愛情がある。自分を「死にかけた鼠」のように感じる絶望がある。「身内にしみとおるような緊張」がある。「明け方の寒い光が次第に暗の中にひろがるような」安らかさがある。どれひとつとっても、そこに作家たちの並々ならぬ苦心の跡が見られるだろう。

まだまだこんなものではない。「恐怖がそのまま輝くような喜び」（津島佑子『鳥の夢』）があり、「じんじんと音を立てて湧き上る怒り」（尾崎一雄『擬態』）がある。「風の吹き溜りにかさかさと散り集まって来た落葉の様な淋しさ」（石川達三『蒼氓』）があり、「内股にヒリヒリしみながら小便が流れおちて行くのを我慢するような恥ずかしさ」（安岡章太郎『海辺の光景』）がある。「両足の裏に熱いお灸を据え、じっとこらえているような」（太宰治『斜陽』）恋しさがあり、「肩で息をしながら」「くたくたになるほど感心」（井伏鱒二『珍品堂主人』）することもある。

恐怖が安堵に変るのと同時に、悦びと悲しさと良人（おっと）への激しい愛の衝動とで頭も軀（からだ）も痺れたようになり、われを忘れて噎（むせ）びあげながら信蔵の胸へ身を投げ掛けた。

——山本周五郎『花筵』

そして、こんな「複合感情」も現れる。心理描写もまことに多彩だ。

この一〇種類の感情それぞれの中も、よく見れば、そこに微妙な違いが感じとれる。同じ「喜」に属する感情でも、その中には次のような多様な性格の感情が含まれていることがわかる。

不意に、突き上げるような喜びが信義の胸を貫いた。

——藤枝静男『犬の血』

これは純粋に喜びを表現したものだが、次の例になると若干違ってくる。

昨日つけられたことで久子はその魔力を自覚し、むしろひそかな愉楽におののいているかもしれない。

——川端康成『みずうみ』

この文章での「よろこび」は単なる喜びではなく、愉楽である。

止めようとする奴を蹴倒したんです。痛快でした。実に痛快でした。

——阿部知二『冬の宿』

ここでの「よろこび」は痛快な感じであり、愉楽でも愉快でも満足感でも幸福感でもない。このほかにも、楽しさ、充実感、爽快さといった感情、あるいは浮き立つ気分なども、広い意味での「よろこび」の気持ちに属する。このように、「喜」の感情一つとっても、そこには微妙な違いがあることがわかるだろう。次の恍惚感もこの「喜」の感情の一つにはちがいない。

いつも恍惚として、われを忘れた。心臓を波打たせ、たらたら汗を流しさえした。

——河野多恵子『幼児狩り』

こうした微妙な違いはむろん、「喜」の感情の場合だけではない。同じ「哀」の中にも、物悲しさがあり、哀惜の念があり、憐憫の情があり、秋風落莫（らくばく）たる思いがあり、むなしさがある。同じ「厭」の中にも、虫酸の走るいとわしさがあり、辟易（へきえき）たる気分があり、味気なさがあり、うっとうしさがあり、傷心の気持ちがあり、拍子抜けの感があり、情けなさがあり、後ろめたさがあり、息苦しさがあり、懊悩があり、煩わしさがあり、胸が張り裂けるような思いがある。心理描写の広がりを表現で確認しながら、そういう感情のニュアンスをきちんと描き分けたい。

また、人の気持ちというものは、やはり前掲の一〇の分類ですっぽりと割り切るわけにはいかない。うれしいような恥ずかしいような、淋しいようなうら悲しいような、腹だたしいような怖いような、そんなこみいった感情もある。それが複合感情である。その複合感情のしみじみとした例を追加する。理屈ではない。ただ、何となく、しかし、身にしみてわかるのだ。

> 何か愉快なような、笑い出したくなるような、しかしその底は変にさびしい、妙な気持になって来るのであった。
>
> ――庄野潤三『ザボンの花』

ここには「喜」と「哀」との複合した感情が流れている。こうした複合の感情を理解することで、感情表現はさらに広がりを見せるはずだ。

そして、何よりも大事なのは、このような感情を描き分けるためには、自分でまずそういった心のひだを感じ分けねばならないということである。それは、人の感情を、あるいは人生の陰翳(いんえい)を味わいながらじっくりと生きていくことから始まるのではなかろうか。

50

人物描写

のこのこ歩き出す

小説は人間の物語である。自然だけがいかに精緻に描写されても、それに包まれて生きる人間が生なましく描き出されないかぎり、作品は動き出さない。何よりも正確な人物描写が必要だ。

人物描写ともなれば、個別的な特徴をしっかりとつかみ、その人物が今にものこのこ歩き出しそうに見えるほど生き生きと印象的に描き出したい。古くは登場人物のあらゆる身体的特徴をまとめて説明するケースが多かったようだ。が、近代以降の小説では一般に、人物の部分的描写が時折さりげなく行われるのが通例だろう。「つややかな肌」とか「切れ長の目」とか「小鼻の広い平たい鼻」とか「釣り上がった口もと」とかといった、人体の特徴的な箇所が、それぞれ単発で描写される傾向がある。そして、物語の展開とともに次第にそれぞれの人物像の彫りを深めていくのが現代風だろう。たとえば、睫毛(まつげ)の描写一つでも、その人物らしさを豊かに表現できる。

女が黒い眼を半ば開いているのかと、近々のぞきこんでみると、それは睫毛(まつげ)であった。

——川端康成『雪国』

作品のヒロイン、駒子の個性的な睫毛の描写だ。横になっているのをふと見ると、駒子は薄目を開けているように見える。起きているのかと思って主人公の島村が駒子の顔をのぞきこんでよく見ると、黒い目のように見えたのは、実は濃い睫毛だったというのである。作者はここでも島村の視点に立ち、その感覚をとおして、相手の女の豊かな睫毛を描き出している。

次に、一般の人の顔の中で最も雄弁だと言われる目をとりあげよう。たしかに、さまざまな表現によって人それぞれの、その時どきの感情を訴えることができる。

そのころから母の眼つきは変ってきた。眼玉のなかにもう一つ眼玉のあるような妙な光り方で、それが絶えずキョロキョロとうごき、ふと追いつめられた犯罪人をおもわせた。

——安岡章太郎『海辺の光景』

年老い、やがて病の発する母親の異様な目のようすを、息子が冷静に見つめている。「眼玉のなかにもう一つ眼玉のあるような妙な光り方」という比喩表現で大胆にとらえ、やがて死を迎える自分の母親の目を「追いつめられた犯罪人をおもわせた」とまで描き切る容赦のない筆致が、読者をやりきれない気持ちにさせる。目の描写一つで、読者の心に大きな波立ちを起こすことができるという一つの見本である。

次は読者の皮膚感覚に直接訴えるような表現の例である。

> 小男に似合わぬ大きな口をぐわッと開けて、黄色い出歯がふうふうと喘いでいた。左の頬の青い痣（あざ）の上をたらたらと脂汁が動物のように這い流れていた。
>
> ――木山捷平『河骨』

まず、「小男」「大きな口」「黄色い出歯」「頬の青い痣」とマイナス面を並べたてる。次いで「脂汁」をとりあげ、そこから「動物」を喚び起こして、さらに、その発想に応じて「這い流れて」というあまり見かけない奇妙な複合動詞をひねりだす。物語の現場と比喩の世界とを融合させることばの操作だ。読者は、黄色い出歯のようすを目に浮かべながら、まるで臭い息でも吹きかけられたような不快感を覚えるだろう。ここにも表現の不思議を語る具体的な姿がある。

さらに、人物描写によってその人物の内面や人生を語ることもできる。次は、事実を一分一厘歪めずに描き取ると言い放った瀧井孝作の代表作『無限抱擁』の一節である。

松子の生地のすいた割に角長い頭顱に、彼は目を移した。其は汗の玉が生地に見える。

この文章では、病気ですっかり髪の薄くなった愛妻の頭を、それも、髪の抜け落ちたその頭の生地に浮かぶ汗の玉を、冷静に見つめる眼はこわいほどだ。「生地のすいた」という描写は、一次的に、めっきり毛髪の量感が失われてしまった事実を伝える。が、その奥に、そう記すことをとおして、読者にその愛妻の悲痛な衰えを凝視する男の哀しみを意識させる。

もっと悲痛な人物表現もある。次は井伏鱒二の『黒い雨』の一節だ。広島の原爆投下でおびただしい数の人体が砕け散った。「フットボールの鞠のように脹れあがっ」た少年の顔がころがっているが、「頭の毛も眉毛も消えてい」て「誰だかわかる筈がない」。

岩竹さんの顔はますます腫脹が増して、水瓜のように丸々となったので、瞼が殆ど閉じたきりと同じになっていた。

「フットボール」「水瓜」と、それぞれたとえるものはさまざまだが、いずれも、人間の尊厳を暴力で奪い取った行為への怒りを底に沈めた悲痛な一文だ。

一方、諧謔（かいぎゃく）みにあふれた人物描写の方法もある。夏目漱石の『吾輩は猫である』の次の一節などは、さしずめその典型的な例だろう。

　かの御母堂抔（など）はどこへ出しても恥ずかしからぬ鼻――鞍馬山で展覧会があっても恐らく一等賞だろうと思われる位な鼻を所有して入らせられますが、悲しいかなあれは眼、口、其他の諸先生と何等の相談もなく出来上った鼻であります。

美学者である迷亭先生が物理学の徒である寒月君の花嫁候補の母親、金田夫人の偉大な鼻をからかった長口舌のほんのさわりの部分だけを紹介する。鼻だけがむやみに大きく、顔を構成する他の部品とつりあいがとれない、ということをもっともらしく弁じた箇所だ。顔の諸道具を「先生」呼ばわりし、それを荘重な演説口調で誇張してみせる語りぶりが、おかしみをかきたてる。

技巧の目立つ表現は感心しないが、それでも次のような例に出会うと、つい惹き込まれてしまう。

　笑いながら、満佐子は、マニキュアをした鋭い爪先で、みなの丸い肩をつついた。その爪は弾力のある重い肉に弾かれ、指先には鬱陶しい触感が残って、満佐子はその指のもってゆき場がないような気がした。

——三島由紀夫『橋づくし』

指先で相手の丸い肩をつつくと、指の爪がはじかれるほどその肉は弾力があるという。作家なら、そこまでは書くような気がする。が、その指先に「鬱陶しい触感が残」ることを意識した人はあっただろうか。いや、三島のそういう表現に出会ってはじめて、あれが「鬱陶しい触感」というものなのかと、いつかの感触を思い返す人はあるかもしれない。そういう感覚的な発見も貴重だが、最後の、「その指のもってゆき場がないような気がした」という一文には驚嘆する。これは一つの心理的な発見だと言っていい。ずうっと展開してきた叙述の全文脈がこの最終文に注ぎ込み、感覚描写が心理描写となって機能するのである。指先の鬱陶しい触感、そしてこの、指先のもってゆき場のない感じ、何度読んでも、まいったなあと思ってしまう。

また、人物描写には、その人物の将来を思わせるような表現もある。

七月の葡萄の粒のような小さい二つの乳は、これでもこの中に豊穣(ほうじょう)な稔りを約束する腺や神経が絹糸ほどの細さで眠っているのだと思えば、蕾の時から実の形をつけている胡瓜(きゅうり)や南瓜(かぼちゃ)のなり花のように、こましゃくれて見えた。

——平林たい子『鬼子母神』

これは、小さな女の子の胸にある小さな乳首を、その子の将来についてあれこれ想像をめぐらせながら、豊かな映像とともに伝えてくる例である。現実を主体化してとらえ、それを「葡萄の粒」や「胡瓜や南瓜のなり花」という同じ植物にたとえることで「豊穣な稔り」とのイメージの統一を図った描写であることに注目したい。と同時に、幼い女の子の薄い胸にある「小さい二つの乳」を「こましゃくれて」いると見る感性が、そういう比喩のネットワークの奥に光っているという点でも印象深い。

もんは腰をあげ鎌首のような白い脂切った襟あしを抜いで、なにやら不思議な、女に思えない殺気立った寒いような感じを人々に与えた。　　――室生犀星『あにいもうと』

私が生まれてから三十年以上、日々の仕事を受け持って来た右手は、皮膚も厚く関節も太いが、甘やかされ、怠けた左手は、長くしなやかで、美しい。左手は私の肉体の中で、私の最も自負している部分である。　　――大岡昇平『野火』

片脚はまくれて、膝頭の上まで現しているが、痩せた手と錯覚しそうな細り方であった。骨と皮ばかりという形容は珍しくないが、滋養分をとれば、またもとに太るという場合の痩せ方とはちがって、いくら食べても栄養分が筋肉の方にまわらなくなった高齢の瘦せ方は、何とも致し方ないのである。うめ女の腿のあたりの皮をつまんで、右の方にひっぱると、つままれた形のままで停止してしまう。すてておけば、またもとに戻るということがなかった。

——丹羽文雄『厭がらせの年齢』

青黝い夫の皮膚は金属性に乾き切っている。アルミニュームのようにツルツルなのが今以て気味が悪い。

——谷崎潤一郎『鍵』

おちくぼんだ頰にまばらに髯が生え、胸部は貧弱で肋骨がぎろぎろ浮きでていた。というより、骨に薄く皮をかぶせた骸骨と変りがなかった。

——北杜夫『夜と霧の隅で』

課長は胃がわるいのでひどく口が匂う。出入業者に招待された宴会の翌朝など、まるでどぶからあがったばかりのような息をしていることがある。生温かく甘酸っぱい匂いだ。口だけでなく、手や首すじからもその匂いはにじみ出てくるようだ。

——開高健『パニック』

円くあいた唇のおくからぴやぴやした声がまろびでる。その美しい声にうたわれた無邪気な謡（うた）は今もなおこの耳になつかしい余韻をのこしている。

——中勘助『銀の匙』

前に筑摩書房から出した『人物表現辞典』のページを繰りながら、たまたま目にとまった用例を書き抜いて並べてみた。前から順に〈うなじ〉〈手〉〈脚〉〈肌〉〈ひげ〉〈胸〉〈体臭〉〈声〉の項に出てくる例だ。「鎌首のような白い脂切った襟あし」がある。「甘やかされ、怠けた」結果、「長くしなやかで、美しい」と自負するまでになった左手がある。「つまれた形のままで停止」して「もとに戻るということがな」い老女の腿がある。「アルミニュームのようにツルツルな」皮膚がある。「おちくぼんだ頰にまばらに」生えた髯があり、「骨に薄く皮をかぶせた骸骨と変りがな」い貧弱な胸がある。「どぶからあがったばかりのような」「生温く甘酸っぱい匂い」のする息がある。そして、「耳になつかしい余韻をのこ」す「ぴやぴやした声」がある。しかし、読者にそういう感覚を引き起こすのは、けっして世の中のそういう現実ではない。そのようにとらえた作家の想像力であり、このように表現できた作家の創造力なのである。

51 感覚描写

イメージに限りなく近づける

「日が傾くにつれて微妙に変化する海の色、外敵を威嚇し、雷鳴に怯え、散歩や餌をせがみ、あるいは飼い主に甘える犬の幾種類かの吠え声、ぜひとも家族に伝えたいあの忘れられない料理の味や、せせらぎの聞こえる林の奥の新鮮な空気の匂い、医者の前で何とか正確に訴えたい体の痛みの特徴……。そういう感覚をうまくことばで言い表せずに落ち着かない思いをする」。『感覚表現辞典』（東京堂出版）の解説をそんなことばで書きだした。右の例は順に色・音・味・匂い・痛みをとりあげた一例にすぎない。つまり、視覚・聴覚・味覚・嗅覚・触覚をことばで表すのはむずかしいということである。

私は肩に淡い秋の日光を感じながらぼんやりとたたずんだ。
——開高健『流亡記』

晩秋の日差しはどこかに寂しさがあって、車のガラス窓で弾ける反射光が強さのわりに目に沁みなかった。
——宮本輝『道頓堀川』

前例では単に「淡い」とあるだけだが、後例は「晩秋の日差し」に「寂しさ」を感じとっている。そして、それを具体化すべく、「車のガラス窓で弾ける反射光」が今では目に沁みるほどの強さを失ったことを述べ、日差しの弱まったことを感覚的に伝えている。

冬至に近づいてゆく十一月の脆い陽ざしは、然し、彼が床を出て一時間とは経たない窓の外で、どの日もどの日も消えかかってゆくのであった。

——梶井基次郎『冬の日』

開高健で「淡い」と表現された秋の日ざしが、梶井基次郎では「脆い」と表現される。そして、それが「床を出て一時間」と保たないと、ここでも具象化される。このように、秋の弱い日ざし一つでも、それぞれ感覚の違いがあり、その違いを映し出す表現の工夫がある。

むろん、日ざしだけではない。色一つにしても、自分の脳裏に浮かぶ色彩とぴったり合うことばを探しあてるのはむずかしい。「桃色」は「ピンク」とほぼ重なると考えていいが、一口に「ピンク」で済ませている中身はもう少し複雑だ。現実には微妙に違う何種類ものピンクがある。

「シェルピンク」「ローズピンク」「サーモンピンク」は、その命名のもとになった「貝殻」

「ばら」「鮭」のイメージが多少とも生きているかぎり、もちろん別々の色を指す。さらに「灰桜」も、「クラウディピンク」と呼ばれ、「薄紅色」も「オーキッドピンク」と呼ばれ、「珊瑚色」も「コーラルピンク」と呼ばれるとすれば、それらもある種のピンクであるにちがいない。色名に「ピンク」という語こそ含んでいないが、「桜色」も「鴇色」も「紅梅色」も「ピンク」の一種と見ていいだろう。さらにまた、「ピーチ」は「黄みのピンク」、「オールドローズ色」は「鈍いピンク」、「梅鼠」は「灰みのピンク」というふうに、やはりピンクとして説明される。

　しかし、これだけピンクの名を挙げても、説明できないピンクもあるらしい。そこで、微妙な差には「赤みを帯びた」「やや黄みの勝った」「うっすらと青みがかかった」といった説明を加える。「薄い・濃い」「浅い・深い」「明るい・暗い」「強い・弱い」「冴えた・鈍い」といった形容を添えて色調の違いを表そうとすることもある。さらに、「ブライト」「ダーク」「ダル」「ビビッド」「ディープ」といった外国語で明度や彩度の違いを区別しようとする場合もある。

　こんなふうに既成の色名に形容詞などの修飾語を添えても間に合わない場合は、別の工夫をする。「卵色」「らくだ色」「チョコレート色」「みかん色」「空色」「草色」「藤色」など、多くの色名がすでに比喩的に成立しているのだが、困ったときは自分のイメージの色彩に合わせて臨時に比喩的な説明を工夫する。「とうもろこしのような色」「抹茶のようなグリーン」「コーヒーのような茶色」「パステル調の青チョークのような色」「真夜中のような黒に近い青」「もぐらのような茶色がかった暗い鼠色」というふうに説明するのである。先人たちの工夫したこれらの表現は次第に慣用化し、今ではそれぞれ「とうもろこし色」「抹茶色」「コーヒーブラウン」「パステルブルー」「ミッドナイトブルー」「トープ」といった新しい色名として使われている。

とはいえ、色彩感覚の鋭敏な人は、どこまで色名を細分化しても、そういう既成の色名ではどうしても納得できないことが多い。そこで、自分の頭にある色のイメージにどこまでも近づけようと、あくまで表現を練り続ける。次の例は、谷崎潤一郎が『痴人の愛』という小説の中で表現した青である。

顔色なども少し青みを帯びていて、譬えばこう、無色透明な板ガラスを何枚も重ねたような、深く沈んだ色合をしていて

ここでは、顔の「少し青みを帯びた」ようすが、「無色透明な板ガラスを何枚も重ねたような、深く沈んだ色合」という複雑な表現にまとめられている。同じ青でも、次の大江健三郎の『芽むしり 仔撃ち』の例では、また別の表現が工夫されている。

村は静かで、谷間をおおう空は涙ぐましくあざやかな淡青に晴れていた。

今は一例として視覚のうちでも特に色彩の感覚表現を取り上げたが、感覚はほかにも聴覚・嗅覚・味覚・触覚といろいろある。人間は視覚が発達しているということと関係があるのだろうが、この中でも圧倒的に多いのは視覚の表現で、次に多いのは聴覚の表現だろう。『感覚表現辞典』を資料にした調査では、視覚だけで約四五パーセント、視聴覚を合わせると全体の約七〇パーセントを占める。一方、嗅覚の表現例は少なく、味覚表現となると作品が限定され、数もさらに少ない。

ヴォーム！
あらしの中で、電線がほえているような、うなり声が、背すじをつたわってきた。
——山本有三『路傍の石』

四キロも五キロも離れたところにいた人たちも、一様にピカリの閃光を見て数秒後に、ドワァッという音を聞いたと云っている。
——井伏鱒二『黒い雨』

この二例はともに聴覚の表現例だ。前者は強風に悲鳴をあげるように鳴る電線の音である。後者は広島に原子爆弾の落ちた音だ。「ドワァッ」という落下音は創作的な擬音語だろう。場所によっては「どたどた」というふうにも聞こえたらしい。いずれにしても、爆弾だから「ドガン」と落ちるとはかぎらない。むしろ、二キロ以内にいた人たちは「ドガンという音を聞かなかったようだ」として、実際に耳にした音をなんとか言語音で再現しようと工夫した表現の跡である。

日なたでむれる藁のような、乾草のような、甘いが鼻へむんとくる匂いである。子供はその生温い異臭を髪や首や手足から発散させてひたおしに迫ってくる。

――開高健『裸の王様』

舌にころげたその梅干は、最初の舌ざわりは塩のふいた辛いものだったが、やがて、舌の上で、ぼく自身がにじみ出すつばによって、丸くふくらみ、あとは甘露のような甘さとなった。

――水上勉『土を喰う日々』

僕らは黙りこんで、口腔の粘膜いっぱいに粉っぽくざらざらしたとどこおりを感じながら、すでに冷たく汗ばんでいる馬鈴薯を食べつづけた。

――大江健三郎『芽むしり 仔撃ち』

しくしくするような、ころころするような痛みである。　　――井伏鱒二『黒い雨』

最初の例はある子供の体臭を描いた嗅覚表現である。次は梅干しのえも言われぬうまさを描いた味覚の例である。残る二例はともに触覚表現だが、前者は冷たくなったじゃが芋を食べる際に口腔の粘膜に感じる触感であり、後者は目の痛みを擬態語で表現した例である。幸田文の『流れる』には「みりみりと骨が痛んでいる」といった例もあり、感覚をみがく以外に感覚表現上達の王道はないことを思い知る。

そして、みがかれた感覚でとらえた対象をことばにする際、聴覚であれ嗅覚であれ、自分のイメージに限りなく近づける執念がほしい。

52

自然描写

風景に体温を添えて

映画やテレビドラマのような映像芸術であれば、人間だけが画面に映っていることはない。文学のような言語芸術の場合は逆に、意図的に描写しないかぎり、背景は出てこない。会話だけでは戯曲になってしまう。作中の人生に生活的な現実性を与えるために、人間をとりまく自然を描写する必要がある。イメージゆたかに自然が描き出された例をいくつか紹介しよう。

道から届く街灯の光が、たたきの正面に作られた窓の梨地のガラスに、雨に濡れた梅の葉の重い影をぼんやり映し出している。薄暗い玄関が水の中のように感じられる。

——黒井千次『群棲』「オモチャの部屋」

作品の舞台は、路地を挟んで向こう二軒片隣の関係で建っている住宅の一つで、道路のほうからガラス越しに街灯の光がぼんやりと玄関の内側にさしこんでいる情景である。街灯の光を「道から届く」ととらえていることから、この文章の視点は今、玄関の中にあり、そこからガラス越しに道路の方向を眺めていることがわかる。そして、そこにぼんやりと映る光景を作者は、「梨地のガラス」「雨に濡れた梅の葉」と具体化し、「重い影」と感覚的に受けとめる。さらに、梨地のガラス越しに映る梅の葉が雨に濡れて揺れ動くのが、あたかも水中で藻が揺れるようにでも見えるのか、「玄関が水の中」にあるような印象を与えると記す。このあたり、微妙な光のいたずらを比喩表現を駆使して、それを眺める側の心理とともに描き出している。

辰巳の空にやや赤味を帯びた月がうかんでいるのが見えた。満月に近い月は、まだ寒かったひと月前には人にも物にももっと荒涼とした光を投げかけていたのだが、いまはためらうような光を地上に落としているだけだった。季節が移ったのである。

そのために月が形づくる物と影の境界はぼんやりと入りみだれて、道のところどころにある家や大きな木立の影は、行手に立ちはだかる物の怪のようにも見える。道にはほかに歩いている者の姿は一人も見えず、そして夜気は深夜にもかかわらずかすかに潤んでいた。

——藤沢周平『麦屋町昼下がり』

「やわらかい月の光」につつまれる雰囲気を一つの〝けはい〟としてとらえ、現場の心理をかすかに込めながら描写した一節である。「辰巳の空に」から「満月に近い月」までは、ほぼ客観的な描写と言っていい。そのあと月光の感じが微妙に違ってきたことを描く。「まだ寒かったひと月前には」「荒涼とした光を投げかけていたのだが、いまはためらうような光を地上に落としている」と感じ分けているのがそうだ。光の感触の変化をとおして季節の推移をとらえる主体化した自然描写が続くのだ。なかでも、「ためらうような光」という比喩表現は、それ自体が感覚的な把握であると同時に、月の光を擬人化してとらえるその発想が、作品場面で人や物の形づくる風景にほのかな体温を添えている点に注目したい。

そして、その擬人的発想は、「月が形づくる物と影の境界はぼんやりと入りみだれて」という次の叙述を誘導し、さらに「道のところどころにある家や大きな木立の影は、行手に立ちはだかる物の怪（け）のようにも見える」という不気味な光景へとなめらかに流れ入るプレリュードの役を果たす。このように間接的に主人公の心理をも映し出す自然描写が先行するため、「夜気」が「かすかに潤んでいた」という後続のしっとりとした情景描写に出会ったとき、作品場面でその夜気の潤いに包まれているはずの主人公の気持ちをも読者はそこに重ねて読むように誘われるのだ。

> 中の海の彼方（むこう）から海へ突出した連山の頂が色づくと、美保の関の白い燈台も陽を受け、はっきりと浮び出した。間もなく、中の海の大根島（だいこんじま）にも陽が当り、それが赤鱏（あかえい）を伏

せたように平たく、大きく見えた。村々の電燈は消え、その代りに白い烟が所々に見え始めた。然し麓の村は未だ山の陰で、遠い所より却って暗く、沈んでいた。謙作は不図、今見ている景色に、自分のいる此大山がはっきりと影を映している事に気がついた。影の輪郭が中の海から陸へ上って来ると、米子の町が急に明るく見え出したので初めて気づいたが、それは停止することなく、恰度地引網のように手操られて来た。地を嘗めて過ぎる雲の影にも似ていた。

――志賀直哉『暗夜行路』

主人公の時任謙作は、山登りの前日に体調を崩し、無理をして出発したものの、結局、途中で同行の者たちと別れ、しばらく休んで夜明けとともに一人で帰ることになった。皆と別れたとき、あたりはまだ夜明け前で暗かった。疲れ切ってはいたが、不思議な陶酔感の中で、自然に還元されるような快さを感じながら、やがて眠りに落ちる。ふと目を覚ましたときはすでに、空が柔らかい青みを帯びて、朝日が昇ろうとしていた。「湖のような中の海は此山の陰になっている為め未だ暗かったが、外海の方はもう海面に鼠色の光を持っていた」と実景描写が始まり、「明方の風物の変化は非常に早かった。少時して、彼が振返って見た時には山頂の彼方から湧上るように橙色の曙光が昇って来た」と続く。それから間もなく、右に引用した箇所が出てくる。

ここには謙作が自分の目で見たもの、感動をもってとらえた対象が明確に表現されている。連山の頂と美保の関の燈台との関係、大根島の形、電燈と白い烟との数の変化、麓の村と遠くとの暗さの違い、大山の影とその動き……。前方に、周囲に広がる光景を目にして現場の謙作が抱いている感動が、こういう描写を読むだけで読者にはっきりと伝わってくる。

もはやなんの説明も要らない。描写が巧いか拙いかなど問題ではない。描写の成否は、要するに、対象がきちんと見え、明確にとらえられているかどうかという一点にかかっていることを納得させる文章である。

53 語感

ことばのにおいを嗅ぎ分ける

「決める」「定める」「決定する」を比べてみよう。三語が指し示す事柄自体にはほとんど違いがない。「決める」は日常会話でも使うごく普通のことば、「定める」はそれよりいくらか改まった感じ、「決定する」はさらに格式ばった感じの堅い語で、改まり方の程度が違う。「来年」も「明年」も漢語だが、前者は日常語、後者は文章語という文体的なレベルの差がある。「額」と「おでこ」も、前者は日常語で後者は俗語だという文体的なレベルの違いがある。そのほか、感じがいいことばか、いやな感じのすることばか、といった感情的な意味があり、「君が代」「桜」「木枯らし」などの語に付着した文化的な意味もある。それぞれのことばにしみついた〝匂い〟のようなものを、「語感」としてまとめ、三つの面に分けて考える。

第一は、そのことばを使う人、すなわち表現する主体の影のようなものが感じられる種類の語感である。「なあ、おまえ、もうくたびれたのかい。先に行くぞ」という言い方と、「あら、いいわよ。でも、あたしにできるかしら」という言い方とを聞けば、特に説明がなくても前者が男性、後者が女性のものだとだれでも思うだろう。「なあ」「おまえ」「かい」「ぞ」ということばには男のにおいが感じられ、「あら」「わよ」「あたし」「かしら」ということばには女らしい響きがあるからだ。つまり、それらのことばから、そう言っている人間についての情報、すなわち男性か女性かという性別の違いが聞き分けられるのである。

「婚礼をあげて新婚旅行から帰って今の亭主と所帯をもった」というと、そのように言っている主体はなにやら老婦人のようだ。逆に、「結婚式をあげてハネムーンから帰って今の夫と家庭をもった」というと、まだ年寄りという感じはしない。「婚礼」「亭主」「所帯」といったことばの語感が、老齢らしい雰囲気を漂わせているからだ。

ほかにも、「結婚」という語の代わりに「婚姻」ということばを使ったり、「ありがとう」の意味で「ごっつぁんです」と言ったりすれば、そのことばの使い手の職業としてすぐ弁護士なり大相撲の力士なりが連想されるし、「大東亜戦争」や「敗戦後」ということばには、その使い手の年齢や対照的な思想傾向のようなものが映っている。また、「死ぬ」というストレートなことばに比べて、「はかなくなる」「天に召される」といった言い方からは、死というものを忌避する表現者の意識が強く伝わってくる。

同じようなことを言うにも、「やり方」「やり口」「手口」と三つ並べて比べてみると、それぞれ感じが若干違う。どのことばにも手段という意味は共通してあるが、あとに並んでいることばほど、何か悪いことをするような感じが強くなる。「風邪をひく」のも「お風邪を召す」のも同じ病状を指すが、病気になる主体に対する話し手の待遇が違う。「郵便配達夫」も「郵便屋さん」もその任務に差はないが、前者のことばには差別感がともなうと感じる人が少なくない。

ことばというものは、単にそれが指し示す概念を伝えるだけではなく、同時に、そのことをそういうことばで伝えようとしているその人間のあり方をも伝える。だから語感を大切にして、慎重にことばを選びたい。

第二は、そのことばが指し示す対象自体のあり方がことばにはね返る、いわば照り返しとしての語感である。「ばんカラ」というと男性を想像し、「清楚」というと、すぐに女性を思い浮かべる。これは、ことばの意味というより、そのことばをそういうふうに使ってきた歴史の名残のせいだろう。同じく体格がよくても、「恰幅(かっぷく)がいい」というと中年の男性を連想しやすく、「豊満」といえばうら若き女性を連想する傾向がありそうだ。このような場合に、ことばを逆に使うと語感の衝突が起こり、イメージが合わなくなる。

「夕立」は夕方に降る雨だと一応は言えるが、春の夕暮れにしとしとと降る雨などを「夕立」と言ったのでは、どうもしっくり来ない。また、晩秋の夕暮れに石畳をしっとりと濡らす霧雨も、「夕立」ということばとは相性が悪い。「夕立」ということばは夏の季語ともなっているとおり、そこには、夏の夕刻ひとしきり激しく降る豪快な雨のイメージがしみついているからである。「ふるさと」というとだれでもなつかしい感じがするが、「出身地」となるとそんな感じは薄い。ことばの意味というより、それぞれのことばの使われ方から来る語感の差だと考えていい。

第三は、そのことばにしみついているなんらかの感じ、ことばの〝体臭〟とでも呼びたい語感である。「財産」に比べ「身代（しんだい）」ということばには古風な感じがあり、「買い物」に比べ「ショッピング」という語には斬新なイメージがあった。「今ひとつ」という言い方に比べると、ひところはやった「いまいち」という語には、俗っぽい感じがともなう。「集まり」に比べて「つどい」ということばには優雅な雰囲気があり、「株」「株券」「株式」と並べると後ろの語ほど専門的な感じが強くなる。「ころぶ」に比べて「こける」という語には方言的な感じが残る。普段は「ニホン」というこの国も、戦争やオリンピックになると、力強い響きの「ニッポン」に変身する。

厳密にどの範囲を指したいのか、どれがその文体にしっくりはまるのか、という両面でもっともふさわしいことばを選択し、さらにこのような語感に細心の注意を払うことで、最適の一語が決まるのである。その段階の選択を誤ると、語感のちぐはぐなことばを結びつけることになり、へたをすると、人に笑われる文章ができあがる。

逆にその語感をうまく生かせれば、格調の高い文章にも、親しみやすい文章にも自在に書き分けることができる。また、井上ひさしのように「ぺろんと陳列し、じゃんじゃん頒布する」などと、わざと極端に語感の合わないことばを結びつけることで意図的に人を笑わせることも可能だ。

隅々まで勘の利いた文章にしあげるためには、そのようなことばの格、響き、におい、イメージを的確に感じとることのできるしなやかな言語感覚を身につけることが必要である。日ごろからさまざまなことばに接し、それぞれのことばのにおいを嗅ぎ分けたい。豊かな表現を味わうことにより、そういうことばのセンスをきたえておくことが望ましい。

54

表現の深さ

ことばに奥行きを感じるとき

「この表現は深さを感じさせる」とか「これは深みのある表現だ」とかと言うことがある。この「表現の深さ」の正体をさぐるべく、以前アンケート調査を実施したことがある。

もっとも結果がきれいに分かれたのは、ストレートな表現と象徴的な表現とを対比させたケースである。具体的には、「ゆりかごから墓場まで」という言い方と「生まれてから死ぬまで」という言い方とを比較させた設問であるが、結果は予想どおり前者の表現のほうに深さを感じるとした答えが大部分を占め、割合は実に八四パーセントに達した。

次は語の文体的なレベルに関する設問である。「見つける」という日常語と「見いだす」という改まった感じのことばとでは、後者の語のほうに深さを感じるという答えが多かった。これは、気軽に使える「見つける」という語よりも、文章語と言っていい「見いだす」のほうはそれだけ対象となる物や事が重大な場合に用いられる傾向が強い、ということと関係するだろう。

歴史的仮名づかいに表現の深さを感じる人も少なくない。調査では「扇」を現代仮名づかいにした「おうぎ」と、歴史的仮名づかいにした「あふぎ」とをとりあげて比較させた。このような仮名づかいの違いなどは表現の深さに無関係だと判断した回答もかなりあったが、関係があると判断した者だけで比べると、歴史的仮名づかいに表現の深さを感じると答えた人が、現代仮名づかいのほうが深いと答えた人の四倍を占めた。

省略表現も、深さを感じさせる傾向のあることが確かめられた。アンケートに用いたのは、「あの日はとても元気だった。しかし、それから三日後……」という省略表現と、「あの日はとても元気だった。しかし、それから三日後、容体が急変して死んだ」というふうに最後まで言い切る表現との比較である。省略せず情報をすべて明示した後者のほうに表現の深さを感じると答えた人はきわめて少なかった。

ことばを反復する表現にも、表現の深さを感じる人が多い。「あの人はローマへ行ってしまった、ローマへ」という反復による強調表現と、「あの人はローマへ行ってしまった」ときっぱり言い切るふつうの表現とを比較した結果、前者を選んだ人が、後者を選んだ人の三倍を占めた。

明晰でわかりやすい文章よりも、少々わかりにくくとも、間接的な表現に深さを感じる傾向が強い。ここで用いたのは、「ほめない人はひとりとしてなかった」という二重否定の形式と、同じ内容を「みんなほめた」とすなおな肯定表現であらわしたものとの比較である。結果は被調査者三八名のうち約三分の二が二重否定のほうに表現の深さを感じるとし、積極的にすなおな肯定表現を選んだ者はわずか一名にすぎなかった。

二重否定に限らず、一般に間接表現は表現の深さを感じさせるようだ。調査に用いたのは、「今年じゅうに結婚したいものです」と明確に表現した場合と「来年の年賀状は連名で出したいものです」というふうに、たどればわかる間接表現とである。前者は自分の気持ちをストレートに述べた表現であり、後者はそれをことさら間接的に述べ、読み手が積極的に補って解釈することを期待した表現である。調査の結果は予想どおり、全体の三分の二近くの者が後者を選んだ。

倒置表現も表現の深さを感じさせる効果がある。「娘は、長い黒髪をなびかせながら、さようならと手を振った」という表現と、「娘は、さようならと手を振った、長い黒髪をなびかせながら」という倒置表現との比較では、全体の約半分が後者に深さを感じると答え、前者を選んだ回答はきわめて少なかった。

比喩的表現も、表現の深さを感じさせやすいようだ。調査に用いたのは、「オリンピックの代表に選ばれた」というごく平凡な表現と「ミュンヘン行きの切符を手に入れた」という慣用化した比喩的表現との比較である。なお、「ミュンヘン」はこの調査を実施した当時のオリンピックの開催地で、今では「東京（あるいはパリ）行きの切符」と考えるとわかりやすい。アンケートの結果は、後者の文意を誤解したらしいケースもあって、予想したほどの差は得られなかったが、それでも後者に表現の深さを感じるとした答えが全体の半分を超え、前者のほうが深いと答えた数の六倍もあった。

皮肉っぽい表現も、素直な表現より表現の深さを感じさせる傾向がある。「お宅には金めの物がありませんね」と失礼なことをずばりとストレートに述べる表現と、「お宅は泥棒にねらわれる心配がなくてうらやましいですね」と遠まわしに皮肉っぽく述べる表現とを比較したところ、後者に深さを感じるとした答えが半数を占め、前者のほうに深さを感じるという答えの三倍半になった。

「雪が降って山はまっ白くなった」という、見たままをまっすぐに述べたプレーンな表現と、「降る雪に山は装いを新たにした」という美文調の表現についての比較では、やはり美文調の表現に深さを感じるとした者が多く、その数はプレーンな文章を選んだ者の七倍にも達した。

そこに述べてある内容自体も、表現の深さを感じさせるうえで重要な働きをするようだ。この調査では、「まじめな人は必ず成功する」というきわめて楽観的な常識的教訓と、「芸術は長く、人生は短い」というヒポクラテスが医術について語った名言とを対比させた。その結果、全体の七〇パーセント以上が後者のほうに表現の深さを感じると答え、前者を選んだ人数の九倍近くに達した。これは「表現の深さ」というものが、その表現をとおして伝えられる意味内容そのものの深さと切り離せないことを物語っている。

一方、表現の深さに関する意見について賛否を問う調査も実施した。その結果、「多義語・広義語の使用は、表現の深さを増す傾向がある」という項目の支持率が特に高かった。逆に、「内容が同じ場合、言語量が少ないほうが表現の深さが出やすい」という項目や、「要点をぼかすほうが表現の深さが出やすい」という項目、「用字・用語・文法などの破格は、表現の深さを生じさせやすい」という項目などは、必ずしもそうとは言えないという回答が目立って多かった。

ことばに奥行きを感じるとき、深みを感じさせる何かが必ず表現の側にある。

55

表現の「間」

息づかいが聞こえる

「間」という言語表現上の積極的な空白部分は、文章の呼吸のうえで重要な役割をはたす。

初午（はつうま）に、花見に、七夕に、月待ちに、夷講（えびす）に、年忘れに……始終遊ぶことばかりを考えた。……そうして、月の半分は、鈴むらさんは小よしのそばで……恋しい小よしのそばで暮した。

——久保田万太郎『末枯』

読点とリーダーが頻出し、語り体の小説におけるナレーターの呼吸が生なましく伝わってくる感じだ。このリーダーが示す「間」は、単なる時間の経過だけではない。語りにおける「間」、すなわち、語り手の言いよどみや沈黙の時間として読者に受け取られるだろう。読者は、文面に断続的に現れるリーダーを語り手の、時には主人公の思い入れとして読む。心情的に読みを深めることで、主人公の感傷を生なましく感じることもある。

もう一つ、やはり絶妙な間の使い手である里見弴の『縁談窶（やつれ）』の例も紹介しよう。

> 妓(おんな)が髪を結いに行っている間、ちゃぶ台に頬杖をついて、じッと時計のセコンドを眄めたッきりで過ごした一時間あまり、……今、髪結さんが、紐で腰にぶらさげている鋏で、パチリと根の元結(もとゆい)を切ッた。……今、あのたくさんある髪を梳(す)かせながら、目尻を吊しあげて、薄目使いに鏡のなかを見ている。……今、前髪をとった。……今、鬢(びん)を出した。……今、手鏡をかざして、髱(たぼ)の出具合を見ながら、なんか文句をつけている。今、髷が結えた。……今、鏡の前を立った。……今、むき出しのまま懐中(ふところ)に差し込んでいた敷島を……、ああ、煙草なんぞ帰って来てからゆっくりのめばいいのに！……今、上り口へ出て来た。……なんというたくさんな下駄だ！　どれでもいいじゃアないか、いい加減に突ッかけて、さっさと帰って来れば！　ガラッ、――さア、格子戸をあけた。……今、一足。……二足。……ここまで、百歩とはあるまい……。

主人公の阿野が、「痴情の限りを尽した昔日(むかし)の思い出」をなまめかしく思い出している場面だ。「手に触れられない女の一挙一動」に、それこそ尺取り虫のようにぴったりと吸いつき、「伸びつ、縮みつ、じりじりと迫(にじ)りよって行った一時間あまり」のことが、薄気味悪いほど生なましく描かれている箇所である。

こういう生なましい感じをもたらす表現のあり方として、ここでも頻出するリーダーの働きを指摘しないわけにはいかない。空白部を確実に喚び起こすこの「……」という記号が、二昔も前の男の息づかいを再現し、呼気も吸気も聞こえそうな臨場感をかきたてているのである。それは明らかに修辞的に設けられた「間」の操作によって生まれてくる表現効果である。


つぎはぎだらけの、職業安定所の上にも、ひさしぶりの青空が見える。

夜中の豪雨が、重苦しい梅雨空を、どうやら切り放したらしい。

代々木へ向けて、渋谷駅を出た山手線の電車が、この辺でスピードを増し、車体をかしげながら、ゆるい上りこうばいを走り去る。

線路下の土堤にそって、はちまきをした半裸の若者が、一球一球、むきに力をこめた、キャッチ・ボールをしている。もう、ひるに近い暇な時刻だ。

——永井龍男『風ふたたび』

改行が頻繁に起こり、ほとんどが一文だけの段落になっていて、各段落のあいだの空間が目立つ。さらに、一文一文の独立性がきわめて高い。しかも、接続語を故意に省き、各文間の関係をむりやり断ったようなぎくしゃくしたつながりはどこにもない。読者はごく自然に想像を働かせる余地を楽しむことになる。次は同じ作者による後の作品『傘のありか』の一節だ。

宿の女中が雨戸を繰るのを、待ちかねて私は起床した。

頭が重く、朝風呂を急がせた。

梅雨がいよいよ腰をすえたらしく、霧雨が煙っていた。

傘のことに思いが及んだのは、ぼんやり風呂につかっていた時だった。

ハッとした。忘れてきたかと思ったし、案外宿の傘立てに、納まっているような気もした。

ここに引用した箇所を読むと、表現の「間」などというものは、どこにもひそんでいるようには見えない。ないと言えば、ないと言えるだろう。ひらひらとしたあざやかな「間」というものを期待する読者には、いささか物足りないかもしれない。しかし、どこかに息づかいが聞こえる。こういう域に達したときこそ、表現の「間」はまさに円熟の境地にあるのだと思う。この文章を読むときの快さは、そういう目立たない「間」の働きによるのではないか。

単調な雨の音に玄妙なリズムを感じる人がいる。意味もなくひろがる夜空に、人は星座という物語を想い描いてきた。人間のそういう本質的な気ままさが、存在しない「間」を生じさせる。円熟した作者が無意識のうちに置き去りにした作中の創造的な「間」は、やはり円熟した読者のそういう想像力と響き合い、次第に作品の彫りを深くする。それがいわば作品の息づかいだ。

そういう意味での文学空間を構築するのは、表現という言語レベルでの単なることばの省略ではない。ものを認識する段階ですでに充分に抑制が利くことが大事だ。何がほんとうに必要なのかを見分ける眼が育って表現対象を適正に選別できるようになることが先決だ。「間」というものが読者の意識に上ってこない、そんなすっきりとした文章に爽涼の気がみなぎる。表現における創造的な「間」とは、言語面に特定しにくい、そういうひとつの気配にすぎないのだろう。

56

余韻・余情

文章の奥へ、その先へ

余韻が作品のことばのあり方に支えられて感じられる範囲に限定されるのに対し、余情は文章によって生まれたイメージに対して抱く情緒であり、そこから連想が働いて文章の奥へ、その先へと発展し、一つの文学体験として読者の心に生き続ける情緒までを広くおおう。

本を読み終えたあとも、その作品のイメージやある種の感動が心にいつまでも残ることがある。ふとしたきっかけでその作品を思い出すこともあり、しばらくしてまた読み返したくなることもある。作品を読んでいる途中で、ある情景や心情が伝わって深く読者の胸を動かすという情緒もあり、行間から意味を読み取り、感慨にひたるというかたちで味わう余情もある。

それではいったい、余情感がただよう文章とは具体的にどのようなものなのだろうか。その正体を探るため、以前行った調査の結果をもとに、以下、そこから得られた主要な結論を紹介する。

まず、文章にある程度の品格をそなえていることが土台になるようだ。気品があっても、難解すぎる文章では余情を起こしにくい。表現があまりむずかしすぎないことも重要である。

また、多くの情報を用いて論理的に展開する文章よりも、情景描写を適度に盛り込み、感情を込めて叙述する文章のほうが読者の余情感をかきたてやすい。ひたすらストーリーを追求する文章には余情を感じにくいようだ。

話題の面では、読者にとって身近なことが描かれているほうが、自分の体験を思い出しやすく、余情を醸しだす基礎ができる。「そういえばそんなことが自分にもあった」と、読者に思わせる文章である。さらに、人間を描いた文章よりも、秋、森の夕暮れ、夜の静けさなどを描いた美しい風景画のような文章に余情を感じることが多いともいう。それが美しい思い出のよみがえる契機となるからだろう。

簡単にすべて納得できる文章よりも、なにがしかの疑問を感じる文章のほうが余情が生まれやすい。なにか得体の知れないところがある文章、奇妙な存在感のある文章のほうが、読む人間の心の奥に深くしみこむようだ。あまり内容のまとまりがきっちりしておらず、いくらか完結性に欠ける文章にも余情を感じる傾向がある。作品の内と外とのぼんやりしたつながり、そういう意味での持続感を基礎として余情というものが成立するのだろう。

具体的な言語表現上のテクニックとしては、特に倒置表現が余情を生むのに即効性がある。語順が逆転するために結果として、その箇所のことばとことばとが非慣用的に結びつくことになって、その間に偶然生じた論理的なすきまが余情感を引き起こすのだ。このテクニックは芥川龍之介の文章にしばしば見られる。

> おれは籐（とう）の杖を小脇にした儘（まま）、気軽く口笛を吹き鳴らして、篠懸（すずかけ）の葉ばかりきらびやかな日比谷公園の門を出た。「寒山拾得は生きている」と、口の中（うち）に独り呟きながら。
>
> ——芥川龍之介『東洋の秋』

「呟きながら」という文末表現を論理的に受けるはずの「門を出た」は前の文にすでにあるが、こうして倒置法を用いて「呟きながら」と文を閉じることで、本来の述語の位置が見かけ上空白になる。そのため、なにかが省略されたような印象が生じ、それが余情感を誘うのである。

比喩表現も、使い方によっては余情を誘う一因となる。そこに臨時に比喩的に表現されたものと、そのことばが本来指し示すはずの概念との二つのイメージのずれが、奥行きを感じさせ、余情生成を促すのだ。佐藤春夫の『田園の憂鬱』の中の次の一節も、そうした例の一つと言えよう。

そうして、その秋の雨自らも、遠くへ行く淋しい旅人のように、この村の上を通り過ぎて行くのであった。彼は夜の雨戸をくりながらその白い雨の後姿を見入った。

ここには「雨」を「旅人」ととらえ、その「後姿」を見つめる「彼」の眼、あるいは作者の眼がある。この擬人的発想がバネとなって、文章はそこで広い空間を抱え込んで展開する。そして、初秋の雨という現実が旅愁の心を誘い、その旅愁という気持ちに促されて雨に旅人のイメージを重ねる。今、作中での「彼」が見つめる白い雨の後ろ姿が、実は自らの旅人としての心の絵姿であったことにはっと気づくとき、読者はこの一節のしっとりとした余情に濡れるのだ。

同じ用語をくりかえし用いたり、逆に、同じことを指すのに別々のことばを用いたりするのも効果的である。前者は反復使用によって文面に浮き出たことばとその周囲のことばとの凹凸が奥行きを感じさせるのだろう。後者は、同じ意味で使われたそれぞれの語が多義語としてもっている他の意味、すなわち、そこで実現していない意味が複雑に響き合って、情報の奥行きを意識させるのかもしれない。表現の「間」を指示するダッシュやリーダーの記号も、文章に空隙を持ち込むため、やはり余情感を喚起するうえで強力な手段となる。

たっぷりと余情を含み、それを支えている言語表現のしくみがわかりやすい例となれば、やはり辻邦生の『旅の終り』あたりだろう。

雨はまだ降りしきり、街燈の光のなかで、雨脚がしぶきをたてていた。雨につつまれた町は死にたえたように静まりかえり、事件のあった家も闇のなかでひっそりしていた。さっきの騒ぎはうそのようだった。しかしかえって、この雨にうたれた空虚な闇が、私に、最後にここまできた若い男女のことを考えさせた。なぜかこの二人が死んだことが、私には、安らかな、ある悲劇の終末のような気がした。そこに空虚と沈黙と同時に、果しない休息もあるような気がした。「こんな静かな町で、誰にも知られず、野心もなく、暮してみてもいいわね」妻がそういったときの気持が、私のなかに、雨のしずくのように、流れこんでくるようだった。その妻は蒼ざめて、いまは静かにねむっている。（中略）街燈の光のなかにしぶく雨脚を、ながいこと見つめていた。

旅は人生にたとえられ、人生は旅にたとえられる。この文章がその旅と人生とを重ね合わせて描いているために、余情の生じやすい構造になっているという点がまず指摘できる。現実とのぶつかりを衝撃それ自体として描かず、そのことがもたらす心理的な事実をとおして間接的に伝える点も、余情を生み出す基盤となる。

言語面に密着した表現技術としては、「空虚な闇」といった象徴的な表現、「ある悲劇」といった不定の指示、「なぜか」という未解決の叙述、「……ようだった」「……気がした」というふうに断定を避ける文末表現など、非限定的な表現が続出することがあげられる。が、もう一つ忘れてならないのは、「妻がそういったときの気持が、私のなかに、雨のしずくのように、流れこんでくるようだった」という比喩表現の機構である。街灯の明かりに照らされた雨が主人公の物思いにふける姿を映し出す場面だ。その現実の「雨」が「雨のしずくのように」という直喩にとりこまれ、「私」の内面に流れ込む。このようにして作品の〝景〟と〝情〟とがしっくりと融け合う。余情とはそういうものではあるまいか。ただし、それを濫用すると「間」を読者に強引に押しつけることになるので逆効果になる。そのことは心しておきたい。

今年の夏の暑さはまた格別です。でも珍品堂は、昨日も一昨日も何か掘出しものはないかと街の骨董屋へ出かけて行きました。例によって、禿頭を隠すためにベレー帽をかぶり、風が吹かないのに風に吹かれているような後姿に見えているのを自分で感じているのでした。先日、丸九さんからの手紙を見て、一年後には伊万里なるものが実質的な相場になると予想して、前祝に飲みすぎて腹を毀したのです。このところ、下痢のために少し衰弱しているのです。

——井伏鱒二『珍品堂主人』

「ちゃんとした学校の先生」くずれで、趣味の骨董が高じていつのまにか本職になった珍品堂は、骨董の売買に行き詰まる。ちょうどその折に金主から話があって料亭を任される。道具や料理に凝りに凝ったかいがあって、途上園というその店は繁盛する。ところが、金主の紹介で迎え入れた顧問格の蘭々女という茶の師匠にいつか弱みを握られ、支配人という自分の座をじわじわと侵食され、心血を注いで育てたその店から、ついにいびり出されてしまう。

引用箇所はそのラストシーンだ。

夢やぶれ、「窮すれば通ずる」と、ふたたび骨董の道に舞い戻るひとりの男がいる。その愛すべき俗人は、「ぼろい儲けをするたびに、自分の何よりも気になる頭の毛の薄いのが、そのつど禿げ募るという気がする」。そして、「風が吹かないのに風に吹かれているような後姿」を自分で気にしながら、今、画面上をふらふらと歩いていく。この作品が映画化された折、その思い屈した後ろ姿の感じが出せれば映画は成功だと作者自身がつぶやいたという。むろん、その感じはラストシーンだけを見た観客に通じるわけではない。小説でも、作品の全叙述がその後ろ姿に流れ込んでこそ、そういう感じが実現するのである。

しかし、こうして絶対的な時間をつくりだして作品が象徴的に幕を閉じようとするとき、井伏鱒二は最後に、「このところ、下痢のために少し衰弱しているのです」という一文を追加する。秋風落莫、観客の視線を集めるその見せ場で、見得を切って花道をさがることに照れたこの作家は、こんなふうに、腹をくだしたことを書き添えて絶対境に水をさす。こうして、クライマックスをあわてて消しにかかる大仰なはにかみが、結果として神韻とも称すべき幕切れを実現させた。が、同時にまた、それが、余情というものの存在を、そして作品自体をとてつもなく難解なものにしていることも事実だろう。

57 ユーモア

弱さや愚かさをしみじみと笑う

表現の楽しみ、それは作者の楽しみであり、同時に、読む側の楽しみでもある。文章の中のほのぼのとしたおかしみや、生きものの哀しみをさりげなく沈めたユーモア、それは読者の心を包み、じーんとしみわたらせる。ここでは、そうしたユーモアをとりあげてみたい。いろいろな人間の生き方があるように、笑いを誘う表現にもさまざまなものがある。最初に代表的なユーモア小説とされる夏目漱石の『坊っちゃん』を例にとってそのへんを見てみよう。そこにはまず、直接ことばでおかしみを醸成する表現技術がある。

山嵐の机の上は白墨が一本竪(たて)に寐(ね)て居る丈(だけ)で閑静なものだ。

山嵐がおれの顔を見て一寸稲光をさした。おれは返電として、人差し指でべっかんこうをして見せた。

最初の文例では、ふつうは街のたたずまいなどに用いる「閑静」ということばを机上の状態の形容として使っている。読者は一瞬おやっと思い、次いでにやりとする。形容することばと形容される対象との続びつきの意外感から、笑いが導き出されるのである。二番目の文例でも、「稲光」という比喩に応じて、電光の連想から「返電」という語を起用し、しかも「返事の電報」という通常の意味をはずしたおもしろさが笑いを誘っている。読者の予想をはぐらかすこの言語操作以外にも、『坊っちゃん』の中にはユーモラスな表現がいっぱい詰まっている。

帝国ホテルへ行った時は錠前直しと間違えられた事がある。ケットを被って、鎌倉の大仏を見物した時は車屋から親方と云われた。

「マドンナに逢うのも精神的娯楽ですか」

前者は「錠前直し」とか「親方」とか、見まちがえられたものとの落差がおかしい。これは話題としてとりあげる事柄自体がすでに笑いを誘う例と言えよう。後者は、わが身の行いをも省みずに教師の心得を説く赤シャツに、坊っちゃんが一発つっこみを入れたことばだ。「精神的娯楽」という相手のことばを使って切り返す皮肉な表現が読者の痛快な笑いを喚ぶ。

だれでも知っている事を、自分が知らないと云うのを自慢らしく考えるのは、愚の至りである。そうは思うけれど、人が大勢行く所へ行きそびれて、そのまま年が経つと、何となく意地になる。そんな所へだれが行くものかと思う。

——内田百閒『区間阿房列車』

人間には、自分だけが知らないということをいかにも偉そうに自慢したい気持ちがある。それは愚の至りだと理屈では自分でわかっていても、人が大勢行くところへ行きそびれて何年か経ってしまうと、つい意地になって、行かないことを貫徹したい心理が働き、行くことに無意味な抵抗を覚えるのは事実だ。このように人間心理を穿（うが）った表現もまた、一瞬、間を置いて人をにやりとさせる働きをする。

あるいは、見せ場見せ場で読者が乗ってきたところをはぐらかすという技法もある。井伏鱒二の『珍品堂主人』にも、結果としてそういう効果をはたす例がある。料亭の支配人が女中を口説く場面で、肩に手を掛けられても歯を食いしばっている女中に、支配人が「そんなの駄目」と言ったときのことだ。女中の行動が、次のように表現される。

あんぐり口をあけました。次に、珍品堂のそろそろ伸ばしたお手てを、ぱっと跳ねのけると見せて太い乳房のところへ持って行きました。

作品がいよいよ濡れ場を迎えるけはいに読者がかたずを飲むと、そのとたんに作者は用語のベースを崩し、「あんぐり」とか「お手て」とかという幼児語に逃げる。この作家特有の要するに照れ隠しなのだが、それによって読者ははぐらかされ、濡れ場の雰囲気が形なしになる。井伏鱒二のいたずらっぽいそういうしぐさが作者の人間性を映し出し、読者の笑いを誘うのである。

また、ユーモアと呼ばれるものの中には、何か深い真理を考えさせられるような表現もある。

次は、ロシアの作家チェーホフの作品に登場するある夫人のことばである。

お酒を飲めば死にます。でも飲まなくたって死ぬんですわ。

これは表面、たしかにおかしい。酒を「飲まなくたって死ぬ」ということばを続けたときに、それに先行する「お酒を飲めば死」ぬということばが意味をもたなくなり、何のための発言かわからぬ無意味な存在と化すからである。しかし、その夫人は冗談を言っているわけではない。大まじめなのだ。読者は一瞬笑ったあと、しーんとなるだろう。まさに夫人の言うとおりであり、一見無意味なそのことばは人間の真実を言いあてている。そこがやはりしみじみとおかしいのだ。チェーホフの研究家が見抜いているように、この絶対的ジレンマで問われているのは人生そのものなのだから。

このような人生の奥深くしみじみと迫るユーモアは特に「ヒューマー」と呼ばれる。このように、笑いをよぶ文章のパターンはさまざまだ。が、人間の弱さや愚かさへの共感からしんみりとしたおかしさが表現される上質のユーモアこそ文学最高の理念なのだと思う。むろん、そういうユーモアにも人それぞれに質的な違いがある。それは、まさしく、作家のものとらえ方、あるいは人間としての生き方という、広い意味でのスタイル、文体の違いにほかならない。

はるかな昔、尾崎一雄を小田原下曽我の自宅に訪ねた折、こんな話を聞いた。「雄鶏（おんどり）って奴は誠心誠意やってるんだ。いい餌をやると嘴（くちばし）で挟んでコッコッって言うんですよ。すると何羽かの雌鶏（めんどり）がサッと駆けて来る、それにヒョイと落としてやる。自分はすぐには食わないんですよ、一渡り食わしてからでないと。それから鳥影が見えると身構える。そうすると雌鶏がそばへ寄って行く。そのボスぶりは見事ですよ」と、この作家は目を細める。こういう光景を見たとき、ある人は雄鶏の責任感に感心し、ある人はその悲壮な生き方に感動を受ける。この作家は「そんなに頑張らなくてもいいのに、と可笑しくなる」と感想を述べた。その雄鶏に比べ、人間社会の父親はあそこまで頑張るだろうかと自嘲ぎみに笑う人もあるだろう。「何羽かの雌鶏がサッと駆けて来る」ところまで、そっくり人間に置き換えてにんまりする父親もあるかもしれない。

後藤明生の『笑いの方法』によると、ロシアの作家ゴーゴリは、プーシキンへの手紙に、「後生ですから、何か題材をください。滑稽なものであろうとなかろうと何でもいいですから」と書いたという。そして、どんな題材かも知らないうちから、ゴーゴリは「とんでもなく滑稽なもの」を書くことを約束する。それはゴーゴリの覚悟であったと同時に、その文体の性格を物語っている。どんな題材であっても、それをことごとく喜劇にしてしまうというのだ。

どうしてそんなことができるのだろう。それは福原麟太郎が『泣き笑いの哲学』で説く「おかしくものを見る哲学」というものがゴーゴリの中にあったからだということになるだろう。人間や世界をその作家がどうとらえるかという、その人なりのものの見方によって、同じ素材が悲劇にも喜劇にもなることをこの事実は物語っている。

一時は大きな家に暮した人間が零落してその直ぐ近くの陋屋（ろうおく）に住んでいる、一体爺さんはどんな気持でいるのかしらん？　大寺さんはそんなことに関心を持ったこともある。しかし、その頃爺さんは耄碌（もうろく）していたらしいから、案外何でもないのかもしれない、と大寺さんは思うようになった。しかし、そう思うと何だか淋しい気がした。

耄碌して自分のみじめさに気がつかないと推定するのは非常に合理的だ。たしかに、耄碌という自らの衰えが、本来なら痛感するはずの、どっと来る淋しさを消し去る。それは事実だ。そういう皮肉な結果はおかしみを誘う。ところが、プラスに作用したその皮肉な事実を知って、主人公はなぜか、かえって淋しくなるのだ。これはある意味で矛盾だとも言えるが、論理では説明できないその心理もまた事実なのだ。笑いながら読んでいるうちにやがて物悲しくなるのは、滑稽感がいつかユーモアとなって読者の心にしみこんでくるからである。そのとき、読者は生きものの弱さを思い、自らを含めた人の愚かさを感じてしみじみと笑う。

——小沼丹『藁屋根』

58

スタイル

譲れない文体の熟すまで

武者小路実篤は文章を書いていて気に入らなければ最初から書き直す。部分的に修正すると、そこだけ調子が変わり、自分の文体ではなくなってしまうからだ。大昔、インタビューした折に、東京調布の自宅でそう語った。真っすぐ前に伸びる文体はそうしてできあがる。同じ白樺派のもう一人の代表作家である志賀直哉は逆に、自分の気に入った文章になるまで徹底的に推敲を加える作家だった。

次は、庄野潤三の『陽気なクラウン・オフィス・ロウ』の一節だ。一九世紀の英国の随筆家チャールズ・ラムの生地とそのゆかりの街を訪ねて、その温雅な人生を偲ぶ紀行文である。

帰りはウェストミンスター橋へまわり道して下さった。この橋の上から国会議事堂の方を見た眺めがいちばん好きなんですと二人でいわれる。橋の半ばあたりに車を停めて、欄干のそばに立つ。議事堂のうしろにビッグ・ベンの時計塔が見える。白い船が行き交う。下を覗（のぞ）くと、満々たる水の流れだ。ウェストミンスターにあるホテルからひとりで歩いて来られた福原さんが、暫（しばら）く川波を見ていて、やがてポケットから取り出した一枚の名刺を落したのはどの辺だろうか。

福原麟太郎のたどった路をふり返るくだりだ。こんなふうに素直でふっくらとした筆致でつづる文章から、庄野潤三らしい自然に成熟した文体を味わうことができるだろう。

また、コラムエッセイ『ブラリひょうたん』などで知られる高田保の文章は、反骨精神を底にたたえた軽妙な批評を読む快感を読者に与えてくれる山椒のような文体だ。「愚妻」とは、まだ至らない自分の良き伴侶として人に紹介する際の謙譲のことばであるとした独特の「愚妻」論などは、そのほんの一例にすぎない。作品のいたるところに漂うそういうエスプリの魅力も、この作者ならではの名調子に乗って読者に伝わる。

涙を笑いにすり変え、どうでもいいような細部を積み上げ、わざと要点を注意深く外して書く井伏鱒二のおとぼけの文体、過剰なテクニックを駆使し、溢れるような言語ワールドを展開する井上ひさしの世界、過激なレトリックをふりかざし挑戦的に言い放つ小林秀雄の斬って捨てる文章……。みな、それぞれにひとには譲れない文体がある。その作家たるゆえんである文章のスタイルと言ってもいい。ものになった作家はいずれも、その人ならではの文体を身につけている。

もし、彼らが文章のスタイルを変えたら、間違いなく読者側の感動の質が変わる。それは浅くなるにちがいない。文章が変質しても読者側の感動が浅くならないようなら、その作家はまだ真に個別化されたスタイルを自分のものとしていないことになる。

いい文章を書くためには、まず「いい文章を読むことだ」とよく言われる。それは、いい文章を読むことを通じ、そういうすぐれた作品を描くさまざまな作家のスタイルに自然にふれ、その体験が無意識の記憶として堆積し、やがては自らの文体形成を促すからだろう。

では、自分のスタイルを身につけるためには、どういう方面のどのような種類の作品を読めばいいのだろうか。いい文章を目ざして筆を磨こうと思い立つほどの人なら、自分もこういう文章が書けたらどんなにすばらしいだろうと感嘆の吐息をもらしたことが何度かあっただろう。まずは、自分が打たれた文章を徹底的に読むことから始めたい。

そのステップが一段落したら、範囲をもう少し広げて、周囲の人間でも本の著者でも、ともかく他の人が推賞している文章にふれてみよう。自分の個人的な好みの外に一歩踏み出してみるのである。そうすることで、これまで読んできたのとは傾向の違ったさまざまな文章に出会う。その中にいくつか、こういうのも悪くないと思う文章を見いだすことだろう。

そしてもし、深いところで自分の心に響く文章に出会うことがあるなら、その作家のすべての作品を熟読することを勧めたい。そうすることをとおして、その書き手がことばをつむいで文章をくりひろげる手つきが、その人間の感じ考えた轍（わだち）の跡が、ある時代を生きてきたその人なりの傷跡までが、自分の心に響いてくるような気分になれば言うことはない。

現場での具体的な接し方としては、作品の表現を読み味わうことに結局はなるのだが、初めはそんなことを考えずに無心に読むほうがいい。文章は本来そういうものだからだ。たいていの文章はそれでいい。ただ、これはと思う文章にぶつかったら、その箇所をもう一度、今度は表現の言語的なあり方を頭に置いて読み返すことである。このとき、表現に気を配るという点を、あまり狭く考えないほうがいい。文章のスタイルを会得するには、「ああ、ここがすごいところだ」「ははあ、表現のこんな点が効いているらしい」などとそのポイントがつかめれば充分である。

その段階が終わって、もし興味があれば、原文のその表現は、ここで選択できたはずの別の表現に比べて、どの点でどうすぐれているのかを検討する習慣をつけたい。具体的な表現のあり方を学びとるうえでさらに有効に働くと期待されるからである。

逆に、読んでみても、どこがいいのかさっぱりわからないことがある。まあ、うまいとは思うが、どうも好きになれない文章というものもある。それもほんとうにすぐれた文章なのかもしれないが、そういう文章には、あまりこだわらなくていい。心にピンと来ない文章を相手に気の乗らない苦行を続けても、自分の文体を確立するのには役立たない。なにもあらゆる種類のいい文章を書こうというのではない。いい文章を読むのは、あくまでも自分の幅を広げて、可能性を探るためなのだ。

自己のスタイルを身につけたければ、できるだけ多くのいい文章、好きな作家の文体にふれるようにすることだ。もっとも、主体性をもって読まないと、好きな作家のコピー人間に終わってしまう危険性もある。いい文章を読むのは、痩せ細ったテクニックを盗み取って人を欺くためではない。ひとには譲れない自分の文体の熟すまで、その「文体」を、すなわち、言語というかたちの奥にある表現の心を酌んで自分の糧とするためである。本末転倒にならないためにも、そのことだけは肝に銘じておきたい。

59

雰囲気

表現の奥に人のけはいを聴く

これまでうまい文章を書くための文章作法をいろいろと考えてきた。しかし、うまい文章を書けることが、人の心をとらえる文章を書くための条件なのかとなると、どうしてもそうとは思えない。ただうまいというだけでは、文章にとってもっとも大事なものが欠けているという気がする。もしそうでなければ、武者小路実篤のあの天衣無縫の稚拙な文章が、瀧井孝作のあの一分一厘ゆがめずに書きとる悪文ともとれる文章が、なぜそれでも人の心をとらえるのかが説明できない。

そのもっとも肝要なもの、人の心をとらえる文章は必ずそなえており、そうでない文章には見いだせないもの、その何かを文章の「雰囲気」ということばで呼ぼうと思う。そして、その「雰囲気」こそが、人の心をとらえるほんとうの名文と、そうでないいわゆる名文とを識別する唯一の条件であると考えたいのである。

ここで術語として用いている「雰囲気」は、前項で述べた文章のスタイル、譲れない文体と密接な関係にある。が、両者は決して同義語ではない。「スタイル」は作者側のものであり、「文体」は作品に映る作者の影を読者がとらえたものであった。それに対し、この「雰囲気」は作者の人柄をひとつの源としながらも、あくまでその文章自体が発散するものなのである。

たとえば、明晰なヒューマーが持ち味の小沼丹の作品をのぞいてみよう。この作家が実生活に登場する身近な人たちをモデルとして描いた数々の作品——そこに出てくる人間たちは、みななんとも言えないあるひとつのムードをもっている。それは一人称で登場する人物、あるいは「大寺さん」という名で姿を現す事実上の一人称たる主人公に限らない。その師匠に当たる、あの丸顔で飄々と遊ぶ「清水町先生」こと井伏鱒二をはじめ、主人公の同僚である大学の先生たちも、家に出入りする植木屋も、何かにつけて「御承知でもありましょうが」と話を切りだす老いた保険の外交員も、あるいはロンドンのうら若い「婆さん」も、はては犬や猿や猫までもが、ある不思議な雰囲気を漂わせている。

常識的に考えて、この作家小沼丹の交際圏に限って、ああいう不思議なムードを発散する人や動物たちが集中的に現れるなどという現実はありえない。あの雰囲気は、それぞれのモデル自身のもつ雰囲気と等身大ではない。おそらくはモデルの個性が作者の個性を通りぬけることによって後天的に帯びた体臭のようなものなのではないか。読者は無意識のうちに、表現の奥にうごめくそういう人のけはいを感じとる。この作家の作品の魅力の中心は、作品の奥に働くそういう人間性の魅力なのだと、いつしか思うようになった。

恋愛でも友情でもいい。人が人に惹かれるとき、相手の何に参るのだろう。相手の美しさなり偉さなり、それ自体に惹かれるというよりは、そういう美しさや偉さをもった人物自身の発散するある種の〝気〟にまるごと参るのだと思う。読者が、ある作家、ある作品を好きになるのも、そういうことなのではないか。作者のものの考え方、感じ方、生き方、あるいはその人柄から自然ににじみ出し、いつかその作品にすっかりしみついてしまった文学的体臭とでも言うべきものがある。主体化されてそこにある雰囲気、そういう文体に人は酔う。そういう雰囲気を身につけ、人をまるごと惹きつけてやまない文章――それを「名文」という名で呼びたいのである。

「名文」という用語をそういう意味に限定するなら、それは自分で書こうとして書けるものではない。全神経を集中させ、血を吐くような努力を重ねた末にたどりつくようなものでもない気がする。むしろ、何の野心もなく、率直に書こうなどという意識さえなく、気楽にさらりと書いてしまった文章が、実は名文であったということにあとから気づく場合が案外多いのではないか。

ここまで、さまざまな名作に接し、名文はいかにして名文でありうるのか、いい文章とはどのようなものなのかを考察してきた。そういう検討を通じて、文章というものの怖さがほんの少しわかりかけてきたように感じる。むろん、名文の書き方のいとぐちがつかめたわけではない。いい文章など簡単には書けないということが身にしみてわかってきたのだ。ある確かな名文例を見つけ出し、それを分析して、原文にあるそれぞれの名詞や動詞の働きを調べ、各文の構造を明らかにして、名表現の美的効果を考えることにはそれなりの意味がある。しかし、そこがうまく解明できたところで、その表現がなぜ実現できたかが明らかになるわけではない。

みんな寝静まった真夜中に、闇の底がほんのり明るんで、また暗くなる。その時蚊帳の釣ってあるのが見えるのは、眠れぬ誰かが寝床で一服したのである。やがて吐月峰(はいふき)をたたく音がして、静けさが戻ってくる。あるいは、団扇(うちわ)を使う気配とか、蚊の鳴き声が闇の中にするかも知れない。——永井龍男『蚊帳』

このエッセイには、東京から「あたくし」という女性の一人称の消えることを惜しむこの作家らしい、実にあかぬけた文章センスが凝縮されているように感じる。「闇の底」という言いまわし、末尾の「かも知れない」の用法など、言語表現の適切さを指摘するのは容易だ。闇の中の煙管の刻み煙草の小さな暗い火、静寂の中の団扇の気配や蚊の鳴き声——あたり一面の闇と静寂の中を一瞬動くかすかな光と音、そしてふたたび大きな闇と静けさに支配されるまでの、ほんのひとときのささやかな変化を、この作家は持ち前の繊細な美意識で描いた。ここまでの分析はある程度理屈で説明が可能だろう。

だが、どうすればそういう表現ができるのか、という点は何ひとつ解明されていない。この作家がなぜそういう絶妙な表現を思いついたのかは依然として謎のままだ。あるときに何を思いつくか、何が頭に浮かぶかは自分の自由にはならない。そのとき、この作家がこういう神韻を帯びた一節を思い描くことのできた背景には、おそらく永井龍男という人間の経験の集積があっただろう。編集者の眼で、あるいは作家の眼で、数多くの名文の中にどっぷりと漬かってきた深い文章体験と、密度の濃い豊かな実作の体験とが絡み合ってこの名文家のセンスを形づくっている。時に臨んで卓絶した一文が光り出るのは、そういう記憶の深みから機に応じてひょいと飛び出してくるだけのことなのではないか。そんな気がする。

しかし、そうした名表現は、目をつぶってただ待ってさえいればだれにでも突然浮かんでくるという仕掛けにはなっていない。ふとしたはずみで考えついたように見える表現も、気づかぬうちにその人がいつかどこかでその種を手に入れていたはずなのだ。日ごろ自分で意識していない、いわば潜在知識の中から、何かの拍子で飛び出すにすぎないのである。

このように、名文や名表現は、長時間にわたって真剣に考えたからといって必ず出てくるものではない。が、だからといって、何もせずにぶらぶらしてきた人間に偶然訪れる僥倖のようなものとも違う。生きた文化遺産とも言うべき名文を手本としながら、そこからさまざまな表現法や生きた文章力を学び取るのは、やがて名表現が飛び出す土壌としての潜在知識を豊かにするためなのだ。その意味で人事を尽くす必要がある。

そういう基礎体力をつけておけば、成否を分ける大事な局面を迎えたときに、その肥沃な潜在知識からやがて思いもかけぬ名表現が生まれ育ち、名文という花を咲かせるかもしれない。あるいは、そううまく運ばないかもしれない。それならそれでもいい。実を結ぶのは、いずれそんなのびやかな心で、名文などを目ざさなくなってからのことなのだから。

あとがき

これまで、大きく分けて三つの分野の本を書いてきた。一つは『比喩表現の理論と分類』（国立国語研究所／秀英出版）や『日本語レトリックの体系』（岩波書店）、それに『人物表現辞典』（筑摩書房）などの各種の表現辞典類を含む〈表現〉系統の著書、次は『日本語の文体』（岩波セミナーブックス）、『作家の文体』『名文』（ともにちくま学芸文庫）などの〈文体〉系統の著書、もう一つは『センスある日本語表現のために』（中公新書）、『文章をみがく』（ＮＨＫブックス）、『悪文』（ちくま新書）をはじめとする〈文章〉系統の著書である。

この本はその三つ目の分野を統合し、そこに第一分野の表現技術論や第二分野の文体分析の成果を導入して、実用に役立つ総合的な文章作法書をめざした一冊である。文章を書くうえでの基本的な作法、効果を高めるさまざまな表現技術、そして文章の奥にいる人のけはいを映し出す表現の形と心――そういった広範な問題をこの一冊に集めるため、それぞれの要点を簡潔に盛り込み、事典ふうにまとめた。ある意味では、自分なりの文章学のエッセンスを詰め込んだ、自己流の名文論の総集編と言えるかもしれない。

全巻の構成を細部にわたって著者が決めたあと、ＰＨＰエディターズ・グループの森本直樹氏が著者の既刊本十数冊を参照して素稿を起こし、それを参考にして著者自身が全面的に書き改めて初稿とした。その際、既刊の著書とのいちじるしい重複を可能な限り避けるよう留意した。目の届かないところもあるかもしれないが、本書の性格上、その点はご理解いただきたい。

著書を渉猟(しょうりょう)し正確な理解の上に立った素稿の執筆をはじめ、森本氏には企画から刊行まで親身にお世話をいただいた。謙虚な編集態度も忘れがたい。厚く御礼申しあげる。

一九九九年三月

杏の若木に花ひらく日

東京小金井市の自宅で　中村　明

KODANSHA

本書は、『名文作法』（ＰＨＰエディターズ・グループ、一九九九年）を原本とし、加筆修正のうえ、文庫化したものです。

なお、二〇〇五年には、右記書目の構成を改めた『センスをみがく 文章上達事典』（新装版、二〇一六年）が、東京堂出版より刊行されています。